马克思主义经典著作解读丛书

Makesi Zhuyi Jingdian Zhuzuo Jiedu

主编 / 王为全

马克思主义诞生的标志

《共产党宣言》

解　读

朱秀梅 ◎编著

中国出版集团

现代出版社

图书在版编目（CIP）数据

马克思主义诞生的标志：《共产党宣言》解读／朱秀梅编著. —北京：现代出版社，2016.1　（2025.1重印）

ISBN 978 - 7 - 5143 - 1536 - 3

Ⅰ. ①马…　Ⅱ. ①朱…　Ⅲ. ①《共产党宣言》- 马恩著作研究
Ⅳ. ①A811.22

中国版本图书馆 CIP 数据核字（2014）第 106563 号

作　　者	朱秀梅
责任编辑	王敬一
出版发行	现代出版社
通讯地址	北京市安定门外安华里 504 号
邮政编码	100011
电　　话	010 - 64267325 64245264（传真）
网　　址	www.1980xd.com
电子邮箱	xiandai@ cnpitc. com. cn
印　　刷	三河市嵩川印刷有限公司
开　　本	700mm×1000mm　1/16
印　　张	12
版　　次	2016 年 1 月第 1 版　2025 年 1 月第 3 次印刷
书　　号	ISBN 978 - 7 - 5143 - 1536 - 3
定　　价	48.00 元

前　言

　　《共产党宣言》（以下简称《宣言》）是马克思、恩格斯为世界上第一个国际共产主义运动组织——共产主义者同盟起草的纲领，是适应无产阶级运动迫切要求科学理论指导、认清资本主义社会的本质和前途、明确无产阶级的历史地位和历史使命、掌握无产阶级解放的正确道路和斗争策略而撰写的。正如他们自己所说，它是共产党的"详细的理论和实践的党纲"。《宣言》生动具体地阐明了共产党的性质、地位、作用、使命、目标，显示了共产党人与其他一切非马克思主义的工人政治组织的根本区别。

　　《宣言》以辩证唯物主义和历史唯物主义为思想武器，深刻地分析了资本主义社会的内在矛盾，阐明了资产阶级灭亡和无产阶级胜利的历史必然性。《宣言》庄严地向全世界宣布：共产党人的最终目的是废除资产阶级所有制，消灭剥削，消灭阶级，建立共产主义社会；它的最近目的是"使无产阶级形成为阶级，推翻资产阶级的统治，由无产阶级夺取政权"，然后"一步一步地夺取资产阶级的全部资本，把一切生产工具集中在国家即组织成为统治阶级的无产阶级手里，并且尽可能快地增加生产力的总量"。"共产党人为工人阶级的最近目的和利益而斗争，但是他们在当前的运动中同时代表运动的未来"。同时，《宣言》着重强调党的纲领"在细节上可以因环境的改变和党本身的发展而改动"，作为党的指导思想即马克思主义"是发展着的，而不是必须背得烂熟并机械地加以重复的教条"，《宣言》中的"这些原理的实际运用"，"随时随地都要以当时的历史条件为转移"。

100 多年来，《共产党宣言》像一盏指路明灯，指引着各国无产阶级的解放斗争；像一面火红的战旗，鼓舞着世界进步力量的奋起战斗。重温《宣言》，学习《宣言》，具有深远的意义。

目　录

第一章 《共产党宣言》的诞生

任何一部传世经典都不是凭空产生的，都有其产生的历史背景和社会条件。《共产党宣言》也不例外。《共产党宣言》诞生于19世纪40年代。一方面，随着资本主义的发展，社会矛盾不断激化，另一方面，人类先进思想面临时代的巨大挑战。在这种状况下，为了适应时代的需要，特别是无产阶级革命斗争的需要而产生了《共产党宣言》。

第一节 《共产党宣言》是社会历史发展的必然结果

早在14世纪末15世纪初，资本主义的生产关系在西欧封建社会内部已开始孕育成长。美洲大陆的发现，为新兴资产阶级开拓了新的市场，有力地促进了资本主义商品经济的发展，加快了资本主义生产关系取代封建生产关系的进程。从 18 世纪 60 年代在英国首先开始的工业革命拉开了资本主义生产从工场手工业向机器大工业阶段过渡的序幕。这场革命是资本主义经济发展的必然产物。新兴资产阶级在剩余价值规律的支配下，为追逐更多利润，不断改进生产技术，提高效率，降低成本，因而使采用大机器生产成为必然，其结果造成了社会生产力的巨大进步。到 19 世纪 30－40 年代，英国率先完成了第一次工业革命，各个工业部门基本实现了机械化，建立了大机器的工厂制。当时的英国制造着全世界所需要的工业产品，成为"世界工厂"。1820 年英国的工业产量占世界工业产量的一半，1830 年英国建成第一条铁路。从 1770 年到 1840 年间，英国工人每一个工作日的劳动生产率提高了 20 倍。

法国资本主义经济的发展虽然比英国落后了半个世纪，但从 1789 年资产阶级大革命以后，特别是 1830 年七月革命以后也开始获得了很大发展，并且进入了工业革命。德国比较落后，资本主义生产出现得比英法两国晚，1834 年关税同盟之后，大工业生产才比较快地发展起来。但马克思恩格斯的故乡莱茵省，由于和英法毗邻，受它们的影响，资本主义经济发展较快，19 世纪 20 年代就采用了机器生产，建立了工厂制度。此外，欧洲其他国家如比利时、瑞士、西班牙等国家，由于资本主义大工业的发展，到了 19 世纪上半叶也都先后进入了工业革命时期。

以上情况表明，从 18 世纪下半叶到 19 世纪上半叶，是资本主义工业革命的时代，是资本主义经济迅速发展的黄金时代，是资本主义生产力飞速发展的时期。

资本主义生产力的高度发展所带来的社会后果有两方面：一方面，生产力的巨大发展，促进了新兴资本主义制度的确立和巩固。这不仅表现为生产技术发生了飞跃，而且表现为以机器大生产和雇佣劳动制度代替了封建社会古老、陈旧的生产方式，引起了生产方式的巨大变革，推动了近现代工业文明的发展，从而把资本主义的发展推到一个新阶段。资本主义社会化大生产引起的生产关系和社会关系的急剧变革，充分显示了社会历史发展的客观辩证法，表明了任何一种社会制度都是历史的范畴，它的存在是暂时的、相对的和有条件的，从而从根本上打破了以往占统治地位的形而上学和唯心主义的历史观。

另一方面，生产力的巨大发展又使资本主义生产方式所固有的矛盾，即社会化生产和生产资料的资本家私人占有形式之间的矛盾进一步激化和暴露出来。在资本主义条件下，随着科学技术的进步和社会生产力的不断发展，资本主义生产不断社会化。但是，在资本家私人占有生产资料和剥削雇佣劳动的生产关系中，社会化的生产力却变成资本的生产力，变成资本高效能地榨取剩余劳动、生产剩余价值、实现价值增殖的能力。从而使资本主义社会生产力和生产关系之间的矛盾突显出来，它们之间的矛盾具体表现在两个方面：一是资本主义企业内部生产的有组织性和整个社会生产无政府状态之间的矛盾；二是资本主义生产在剩余价值规律支配下具有无限扩大的趋势与广大劳动群众的购买力相对缩小的矛盾。资本主义生产力和生产关系之间矛盾的激化，最终必然导致经济危机的周期性的爆发。从1825年英国爆发第一次经济危机开始，以后每隔10年左右就周期性地重复一次，而且越往后危机爆发的频率越快，周期越短，波及范围越广，破坏性越大，影响程度越深。危机的这些特点表明，资本主义制度无法解决其自身所固有的生产社会化与私人占有之间的矛盾，资本主义生产关系已经容纳不下日益增长的生产力了。周期性的经济危机又引发并加剧了资本主义社会的两个最基本阶级——无产阶级与资产阶级之间的阶级矛盾的对立和斗争。因此，资本主义固有矛盾的发展，预示着未来社会性革命的性质和历史发展的方向。

工业革命是一把双刃剑，它不仅推动资本主义经济的巨大发展，而且也加剧了无产阶级和资产阶级的矛盾和斗争。无产阶级反对资产阶级的斗争经历了一个从自发到自觉，从单纯的经济斗争向政治斗争转变的过程。这是由资本主义经济发展状况和无产阶级自身的成熟程度决定的。在资本主义发展的早期，资本主义生产方式是建立在手工业基础之上的，工业企业的规模比较狭小而且十分分散，因而也造成了工人的分散，不可能形成为一个独立和团结的阶级，无产阶级尚未成为一个具有明确政治目标的自为阶级。这种状况决定了，无产阶级反对资产阶级的斗争，在开始的时候，只是分散地和自发地进行的，斗争的目标只是实现提高工资、改善劳动条件等经济方面的要求，并没有明确的政治目的，斗争的方式也只是捣毁机器、破坏工厂等。随着工业革命广泛深入的发展，资本主义经济的空前繁荣，使工人阶级在数量上得到了迅速增加；随着资本主义工厂制度的建立和工业中心城市的形成，工人阶级的组织性、觉悟性和战斗性也得到了迅速提高。特别是随着社会关系日益简单化，逐渐分化为两大对立阶级——资产阶级和无产阶级，并且它们之间的矛盾日益突出，成为社会的主要矛盾。无产阶级反对资产阶级的斗争，也逐渐由自发的、分散的、反对个别工厂主的经济斗争，发展为有组织的、联合的、反对整个资产阶级的政治斗争。

1831 年和 1834 年在法国里昂爆发的两次工人起义，提出了"建立共和国"的要求；从 1836 年开始持续了 12 年之久的英国工人宪章运动，通过争取普选权，把斗争矛头指向资产阶级政治统治；1844 年德国西里西亚纺织工人起义，明确宣布"反对私有制社会"。法国、英国、德国的三大起义，表现了无产阶级高度的政治觉悟与英勇精神，显示了工人阶级在政治斗争上的威力，标志着现代无产阶级作为独立的政治力量已经登上了历史舞台。但是，由于没有革命理论的指导和无产阶级政党的领导，工人的几次起义均以失败而告终。它说明无产阶级的阶级斗争实践在早期不可避免地带有一定的自发性，特别是在还没有形成科学地反映其历史地位和社会使命的革命理论。这就迫切需要总结和升华无产阶级在长期斗争实践中积累的丰富经验，形成科学的世界观和现存社会进行革命改造的系统理论，用以指导无产阶级的解放斗争。这就成为马克思主义产生的阶级基础和实践基础。

19 世纪 40 年代，西欧主要资本主义国家的经济和政治发展状况暴露出来的矛盾，历史也提出了需要解决的时代课题是：如何认识资本主义，资本主义的本质和运动规律是什么？如何推翻资本主义，使无产阶级和广大劳动人民获得解放？《共产党宣言》就是适应时代的需要，为解决时代提出的课题而产生的。

第二节 《共产党宣言》是人类理论思维发展的必然结果

《共产党宣言》的产生离不开客观的社会历史条件，同样也离不开一定的思想理论条件。就像列宁指出的那样，"马克思主义这一革命无产阶级的思想体系赢得了世界历史性意义，是因为它并没有抛弃资产阶级时代最宝贵的成就，相反却吸收和改造了两千多年来人类思想和文化发展中一切有价值的东西。"马克思主义是对人类在19世纪所创造的优秀成果——德国古典哲学、英国古典政治经济学、英国和法国社会主义学说——的继承和超越。马克思和恩格斯不仅汲取了上述先驱理论的科学成就，并在新的时代条件下解决了由它们提出而又没能解决的重大理论课题。因此，《共产党宣言》的产生，是人类伟大思想的合乎逻辑的、必然发展的结果。

德国古典哲学产生于18世纪末到19世纪初，其奠基者是康德，中经费希特、谢林，由黑格尔集其大成。费尔巴哈则一反其先驱的唯心主义传统，高举反对和批判宗教神学的旗帜，直截了当地恢复了唯物主义的王座，至此，德国古典哲学也就画上了终结的句号。黑格尔哲学的巨大功绩，就是在人类认识史上，在唯心主义形式中第一次把整个自然的、历史的和精神的世界描写为一个过程，并企图揭示这一运动和发展的内在联系。黑格尔哲学中的这一合理思想，从根本上动摇了长期以来支配人们思维方式的形而上学方法的统治，奠定了辩证思维方式。但是，黑格尔辩证法存在着严重缺陷：第一，他的辩证法是唯心主义辩证法。他认为，"绝对精神"是世界的本原，辩证法只是概念的自我发展，在自然界和历史中所显现出来的辩证发展，只是概念的自己运动的翻版。第二，他的辩证法是不彻底的辩证法。一方面，他认为人类历史和认识是一个无止境的发展过程，但另一方面，他又硬说他的哲学达到了绝对真理的顶峰，人类历史发展到普鲁士王国达到了尽善尽美的程度。这是唯心主义体系的需要扼杀了他的辩证法的革命精神。因此，辩证法在黑格尔的形式中是无用的，必须进行唯物的改造。德国古典哲学的另一位哲学家费尔巴哈则通过对宗教神学和唯心主义的批判，从根本上动摇了唯心主义的统治地位，恢复了唯物主义的权威。但是，费尔巴哈哲学不仅抛弃了辩证法，在历史观上也仍然坚持唯心主义。德国古典哲学的这些特点是对当时德国的现实情况，即德国资产阶级所具有的革命性、软弱性的反映。德国古典哲学中所体现的深刻的辩证法思想，反映了英国工业革命和法国资产阶级革命所引起的社会巨大变化，体现了德国资产阶级的革命要求和发展本国资本主义的强烈愿望；而它所采取的唯心主义和抽象思辨的形式，又表现了德国资产阶级的妥协性和软弱性的一面。《共产党宣言》中的世界观，既不是回到古代朴素的唯物主义和朴素辩证法，也不是把黑格尔的辩证法和费尔巴哈的唯物主义简单相加，而是批判地改造了黑格尔和费尔巴哈的哲学。他们抛弃了黑格尔哲学的唯心主义体系，吸收了它的辩证法的合理思想，抛弃了费尔巴哈哲学的形而上学和唯心主义的宗教伦理杂质，吸收、坚持了它的唯物主义的基本思想，创建了一种具有不同内容和功能的新的世界观。

　　另外，法国复辟时期的历史学家梯叶里、米涅、基佐等人考察了阶级斗争发展的历史，强调阶级斗争是理解中世纪以来法国历史的钥匙，是社会历史发展的动力。这些有价值的思想，构成了《共产党宣言》中关于阶级和阶级斗争思想的理论来源。

　　英国古典政治经济学是以亚当·斯密和大卫·李嘉图为代表，他们提出了劳动是国民财富的源泉、劳动创造各种商品、劳动时间决定商品价值的观点，从而对资本主义制度作了比较客观的研究，揭示了资本主义经济运动的某些规律性问题，为科学的政治经济学奠定了基础，由此也成为马克思主义的一个直接理论来源。但是，由于阶级的局限，他们对资本主义的发展前景和资本与劳动的对立并未做出科学的说明。

　　马克思、恩格斯运用唯物史观，批判地继承了英国古典政治经济学的合理思想，从经济上对资本主义社会作了科学分析，这是使社会主义由空想发展为科学的决定性环节。马克思主义政治经济学第一次从一切社会关系中划分出生产关系，指出它是一切社会关系中最根本、最本质的关系；第一次明确指出政治经济学所要研究的不是物，而是物掩盖下的人与人的关系，这种关系在阶级社会中表现为阶级与阶级的关系；第一次发现了劳动二重性，建立了科学的劳动价值论，并以此为基础，创立了剩余价值学说，彻底揭露了资产阶级剥削无产阶级的秘密，揭露了无产阶级和资产阶级对立的根源。

19世纪初期法国的圣西门、傅立叶和英国的欧文是空想社会主义的杰出代表。他们认识到资本主义的发展只是社会历史发展的一个阶段，他们在尖锐地批判资本主义制度时，认识到了经济状况的基础作用，明确把批判的矛头指向了资本主义的私有制。空想社会主义反映了尚未成熟的无产阶级和劳动群众对资本主义制度的反抗，表达了要求摆脱资本主义压榨剥削和向往美好未来的呼声。对社会历史研究也提出了许多有价值的观点，给马克思、恩格斯以重大的启迪。但空想社会主义学说在历史观上是唯心主义的。马克思和恩格斯创立的唯物史观和剩余价值学说是科学社会主义的两大理论基石，是《共产党宣言》正确的世界观和方法论。

总之，德国古典哲学、英国古典政治经济学、法国空想社会主义三大学说代表了人类在19世纪初期的先进思想，体现了当时的时代精神，尽管它们由于历史和阶级的局限，存在着种种缺陷，并在时代变化的新条件下走向了历史的反面。但作为人类思想中的优秀遗产，它们为《共产党宣言》提供了前提和直接的理论来源。

第三节 马克思、恩格斯向唯物主义和共产主义的转变

《共产党宣言》的诞生，是马克思和恩格斯经历了世界观和政治立场的洗礼，从唯心主义转向唯物主义，从革命民主主义转向共产主义的过程。在这一过程中，一方面，他们不断地学习、批判和继承了前人的思想遗产，其中新旧思想交错、成熟观点与不成熟观点并存，充满复杂矛盾和剧烈冲突，另一方面并同各种资产阶级、小资产阶级的思潮进行了坚决的斗争，积极投入到火热的革命实践中，在经历了艰辛的探索之后，终于实现了他们的世界观和政治立场的转变。

马克思 1818 年 5 月 5 日诞生在德国莱茵省特利尔城的一位律师家庭。1830 年 10 月至 1835 年 9 月，就读于特利尔中学。由于家庭和环境的影响，马克思从小受到法国启蒙思想的教育，中学毕业写了一篇题为《青年在选择职业时的考虑》的文章，显示了他的卓越分析才能和为人类幸福而献身的高尚情操。

1835 年 10 月，马克思入波恩大学法律系。一年后，转到柏林大学法律系。马克思开始比较倾向于康德和费希特的思想。由于康德和费希特的方法只注重研究形式和原则，脱离现实，马克思对这种方法不满。他说："康德和费希特在太空飞翔，对未知

世界在黑暗中探索；而我只求深入全面地领悟在地面上遇到的日常事物。"他认为应该研究事物和对象本身。"必须从对象的发展上细心研究对象本身，决不应任意分割它们；事物本身的理性在这里应当作为一种自身矛盾的东西展开，并且在自身求得自己的统一。"这样，马克思就抛弃了康德和费希特，走向了黑格尔主义。1837 年，马克思参加了青年黑格尔分子组成的"博士俱乐部"，与青年黑格尔分子的接触和交流，促使马克思更深入地研究黑格尔哲学并完成了向黑格尔辩证唯心主义哲学的转变。

马克思虽然继承了黑格尔的思想，但他从来就不是一个纯粹的黑格尔主义者。他继承了黑格尔的辩证法思想，克服了黑格尔把哲学与宗教一体化、理论与现实相脱离的缺陷，又超越了青年黑格尔派宗教的抽象批判。

1841 年 4 月写了题为《德谟克利特的自然哲学和伊壁鸠鲁的自然哲学的差别》的博士论文，获得了耶拿大学哲学博士学位。论文的基本观点属于黑格尔的唯心主义，但表现了马克思反对封建制度的革命民主主义观点、战斗的无神论思想和勇于突破旧说的独创精神。

大学毕业后，马克思未能实现在波恩大学执教的愿望，转而投身于实际政治活动。由此开始了走向唯物主义和共产主义的思想进程。

1842 年 10 月，马克思任《莱茵报》的主编。在这期间他遇到了一系列现实问题：出版自由问题、林木盗伐问题和摩塞尔河沿岸农民的贫困问题等，并且要对这些问题发表评论，从而使他同青年黑格尔派之间原有的分歧迅速扩大，终于导致彻底的决裂。

针对议会关于出版自由问题的争论，马克思发表了题为《关于出版自由和公布等级会议记录的辩论》的论文。在这篇文章中，马克思在分析人们对待出版自由的各种态度时，指明了等级差别的存在以及等级制度与私人利益的关系。他说："辩论向我们显示出诸侯等级反对出版自由的论战、贵族等级的论战、城市等级的论战，所以，在这里论战的不是个别人，而是等级。"他指出各个等级不同，它们的精神也不同，每个特殊等级都有其特殊的等级精神，各个等级都是从其特殊的等级精神出发来对待出版自由的。为了维护特殊等级的利益，等级制度不是根据国家的有机的理性，而是根据私人利益的需要建立起来的。因而，提示了德国的特殊的社会结构和隐藏在辩论后面的各等级的不同利益。

这一时期马克思遇到的另一个重要问题是林木盗窃法的辩论。在德国，随着资本主义的发展，有产阶级占有公社土地日益严重，农民日益贫困，盗窃林木、破坏狩猎和牧场违禁法的行为成为了常见的现象。为了维护有产阶级的利益，莱茵省议会于1841年提出一项法案，其中将捡拾枯枝也列入盗窃林木的范围，并予以法律制裁。省议会就此法案展开了辩论，马克思也积极地参加了这场辩论，写了《关于林木盗窃法的辩论》一文，旗帜鲜明地为"政治上和社会上备受压迫的贫苦群众"进行辩护，猛烈地抨击普鲁士国家和法律制度。这时期，马克思对国家和法的理解虽然还是以黑格尔唯心主义观点为基础的，即认为它们是理性的体现，但他发现了黑格尔的国家观同现实的矛盾，认识到普鲁士国家不是理性的体现，它已沦为林木占有者的工具。他开始觉察到私人利益对国家和法的决定作用，并作出了具有普遍意义的概括："林木和林木占有者本身如果要颁布法律的话，那末这些法律之间的差别将只是它们颁布的地方和书写的文字不同而已"。

在《莱茵报》时期马克思遇到的第三个重要问题是关于摩塞尔地区农民的贫困问题。通过对该地区农民贫困原因的考察，马克思进一步指出，决定整个国家制度的是不依个人意志为转移的客观关系。他说："在研究国家生活现象时，很容易走入歧途，即忽视各种关系的客观本性，而用当事人的意志来解释一切。但是存在着这样一些关系，这些关系决定私人和个别政权代表者的行动，而且就像呼吸一样地不以他们为转移。只要我们一开始就站在这种客观立场上，我们就不会忽此忽彼地去寻找善意或恶意，而会在初看起来似乎只有人在活动的地方看到客观关系的作用。"① 尽管这还是一种抽象的、原则的提法，但已为他进一步阐明这个问题确定了方向，也表明马克思的思想朝着历史唯物主义迈进了一步。

在由唯心主义转向唯物主义的过程中，马克思也开始了由革命民主主义向共产主义的转变，这一转变也是从《莱茵报》时期开始的。在这一时期，随着无产阶级同资产阶级斗争的激化，共产主义问题也逐渐引起人们的注意。马克思就此问题同奥格斯堡《总汇报》进行了论战。在《共产主义和奥格斯堡"总汇报"》一文中，马克思认为共产主义是当代的重要问题。这一问题是由

---

① 《马克思恩格斯全集》第 1 卷，人民出版社 1979 年版，第 216 页。

"现在一无所有的等级"——无产阶级本身的生活和斗争所提出的。虽然马克思批判地研究了当时各种空想社会主义的理论以及建立共产主义移民区的实际经验，但是，他认为他的知识还不允许他在这些问题上发表肯定的意见。马克思认为共产主义是具有重大意义（"具有欧洲的意义"）的科学问题，需要加以全面的研究并从理论上加以深入的论证。他说："真正危险的并不是共产主义思想的实际试验，而是它的理论论证。"① 这样，马克思就为自己确定了工作任务和目标。

在《莱茵报》时期，马克思诉诸出版自由批判书报检查制度，诉诸国家和法批判私人利益，结果胜利的不是出版自由与国家和法，而是书报检查制度和私人利益。国家和法降低为私人利益的工具，自由的出版物则被书报检查制度所扼杀。这一切给马克思以很大的影响，使他产生了苦恼的疑问，对原来的哲学信仰发生了动摇，促使他去重新研究黑格尔的法哲学，研究的重大成果是《黑格尔法哲学批判》。在这篇文章中，马克思批判地分析了黑格尔在国家和市民社会相互关系问题上的唯心主义观点，深刻地揭露了黑格尔国家观与社会客观现实之间的矛盾。在黑格尔看来，不是市民社会和家庭决定国家，而是国家决定市民社会和家庭。马克思指出，黑格尔的这一观点是一种头足倒置的观点。在黑格尔那里"理念变成了独立的主体，而家庭和市民社会对国家的现实关系变成了理念所具有的想象的内部活动。实际上，家庭和市民社会是国家的前提，它们才是真正的活动者；而思辨的

---

① 《马克思恩格斯全集》第 1 卷，人民出版社 1979 年版，第 134 页。

思维却把这一切头足倒置。"①家庭和市民社会决定着国家，是国家产生和存在的前提和基础。这是因为私有制是市民社会的主体，私有制支配着国家权利。"国家制度在这里就成了私有财产的国家制度。"②马克思的这一思想表明他已开始注意到生产关系对国家的支配和决定作用，是经济基础决定上层建筑思想的萌芽。正如马克思后来谈到他批判地考察黑格尔的法哲学之后所做的总结："我这番研究工作使我得出如下的结论：法的关系，也像国家形式一样，不能用它们本身来解释清楚，也不能用所谓人类精神的一般发展来解释清楚；恰恰相反，它们根源于物质生活关系，黑格尔曾按照18世纪英国人和法国人的先例把这些关系的总和称为'市民社会'。对于市民社会的解剖，应当在政治经济学中去寻求。"③这是他由唯心主义继续转向唯物主义的重大一步。

马克思的《德法年鉴》时期在他的思想转变过程中具有十分重大的意义，因为发表在《德法年鉴》上的两篇文章——《论犹太人问题》和《〈黑格尔法哲学批判〉导言》——标志着他思想转变的完成。

在这两篇文章中，马克思论述了宗教解放和政治解放的关系，提出宗教不是世俗狭隘性的原因而只是它的表现，人们的政治异化决定人们的宗教异化，要把对宗教的批判变成对政治、对国家和法的批判。这一观点在《论犹太人问题》中提出来的，在《〈黑格尔法哲学批判〉导言》中得到进一步阐释。马克思

① 《马克思恩格斯全集》第1卷，人民出版社1979年版，第250~251页。
② 《马克思恩格斯全集》第1卷，人民出版社1979年版，第380页。
③ 《马克思恩格斯选集》第2卷，人民出版社1972年版，第82页。

驳斥了鲍威尔将犹太人的解放归结为废除宗教，宗教是一切罪恶的源泉的谬论。马克思指出，宗教并非人世间一切罪恶的源泉，而只是它的具体表现。因此，只能用人世间的压迫来说明宗教的压迫。宗教这种颠倒的世界观是劳者不获而获者不劳的颠倒现实世界的产物。在阶级社会里，宗教起着维护剥削制度的作用。所以只有消灭了人间压迫，才能真正消灭宗教的压迫。马克思的这些观点，表明他已经确立了唯物主义的世界观。在《论犹太人问题》中，他通过对犹太人解放问题的研究，探讨了政治解放和人类解放的关系，提出了社会主义革命问题。他指出，从社会发展来看，政治解放当然是一个进步，但这种解放是不彻底的，它本身还不是人类解放。因为它虽然在政治生活中把人变成公民，变成法人，但在经济生活中却把人变成利己的、独立的个人。其结果，市民社会的一部分人，即资产阶级变成新社会的统治者。他们打着全体人类利益的旗号，实际上解放的不是全人类，而是他们自己。与政治解放相对立，马克思提出了"人类解放"的口号。马克思指出，政治解放只是消灭封建制度，实现资产阶级的民主和自由，它并不谋求消灭私有制，也不可能消灭宗教，这不是真正的人的解放。人类解放是要彻底消灭人类自我异化的极端表现，"推翻那些使人成为受屈辱、被奴役、被遗弃和被蔑视的东西的一切关系"。只有人类解放才是人的真正解放。马克思认识到人类解放的重要性后，就着手探讨实现人类解放的途径和依靠力量。在《〈黑格尔法哲学批判〉导言》中，马克思分析了无产阶级的地位和作用，指出实现人类解放的依靠力量是无产阶级，途径是哲学与无产阶级的结合，无产阶级在哲学的统率下对现实进行武器的批判。马克思指出，无产阶级是人类解放的心脏，哲学是人类解放的头脑，要想实现人类的解放，就必须使二者有机地结合起来，"哲学把无产阶级当做自己的物质武器，同样地，无产阶级也把哲学当做自己的精神武器"，进而指出："批判的武器当然不能代替武器的批判，物质力量只能用物质力量来摧毁；但是理论一经掌握群众，也会变成物质力量"，才能实现对现存的私有制社会进行彻底的改造。马克思的这些观点，不仅表明他已经完成了向唯物主义和共产主义的转变，而且表明他向唯物史观又大大迈进了一步。

恩格斯1820年11月28日出生在巴门一个工厂主家庭。13岁以前，在巴门理科中学读书；以后就读于爱北斐特的理科中学。毕业前一年即1837年，由于父亲的坚持，辍学经商。1838年他来到不来梅，开始同青年德意志运动发生了联系，并开始清理自己受到的宗教影响。

1839年3月至4月，恩格斯匿名发表了《乌培河谷来信》一文，对盛行于乌培河谷地区的虔诚主义进行了揭露，并控诉厂主的残酷剥削，对劳动者寄予无限的同情。这篇文章是恩格斯思想独立发展的开始，推动他走向与宗教信仰的彻底决裂。不久，青年黑格尔派的代表斯特劳斯的《耶稣传》帮助恩格斯进一步了解黑格尔的思想，使恩格斯开始脱离青年德意志运动，转向青年黑格尔运动。1841年9月，恩格斯到柏林服兵役，并结识了"博士俱乐部"的核心成员鲍威尔兄弟、科本和鲁腾堡等人。同年11

月，恩格斯旁听了谢林在柏林大学的讲学，谢林企图以天启哲学来抵消黑格尔哲学的辩证法思想。恩格斯积极参加这场思想斗争中，连续发表了《谢林论黑格尔哲学》、《谢林和启示》与《谢林——基督哲学家》等著作。恩格斯反驳了谢林宣扬的非理性主义和蒙昧主义，捍卫黑格尔，肯定青年黑格尔派的功绩。

和马克思一样，青年恩格斯最初在哲学上也是信奉黑格尔唯心主义的，在政治上也是一个革命民主主义者。他是在德国从怀疑宗教转向黑格尔主义，从追求自由走向批判专制制度的。

随着斗争条件的变化，青年马克思和恩格斯逐渐与青年黑格尔派产生严重的分歧。青年黑格尔派的其他成员只是脱离现实而沉湎于夸夸其谈的抽象哲学批判，而马克思和恩格斯则是要批判当时的普鲁士专制政府的政治斗争，捍卫劳苦大众的利益，导致了马克思和恩格斯与青年黑格尔派分道扬镳了。

1842 年至 1844 年，在往返英国和德国的两年时间里，恩格斯的思想发生了重大变化。从批判专制制度转向批判资本主义，从批判宗教转向批判资产阶级政治经济学，从革命民主主义者转变成共产主义者，从信仰黑格尔主义转向信仰费尔巴哈人本主义。

恩格斯来到英国曼彻斯特时，宪章运动正受到挫折。当时有人认为英国不可能发生革命，而恩格斯的看法则不同，他清楚地看到利益在社会生活中起着重大作用，在一定条件下会引发社会革命的。他指出，英国存在着不同的政党，每个政党都是一定阶级的组织，阶级之间和政党之间的斗争就是利益斗争。"在英国，至少在正在争统治权的政党中间，在辉格党和托利党中间，是从来没有过原则斗争的；它们中间只有物质利益的冲突。"利益的冲突就导致社会革命，"这个革命的开始和进行将是为了利益，而不是为了原则，只有利益能够发展成为原则，这就是说，革命将不是政治革命，而是社会革命。"因为政治革命是政权的更迭，而只有社会革命才能根本改变人的生活条件，消除劳动者的贫困。恩格斯这时虽然看到了物质利益在是阶级对立和政党形成的基础，但他还没有完全摆脱黑格尔主义的影响，重视精神轻视物质利益，把利益的统治看成是封建专制的特征，是英国特有的反常现象和愚昧落后的表现。

随着对英国历史和现状考察的深入，恩格斯改变了他原有的对物质利益在历史上的作用的看法，不再认为利益是愚昧落后的表现，而是看成先进的表现，利益的统治是工业革命的后果。他仍然认为利益统治是英国特有的现象，但不是特殊的反常现象，而是符合规律的现象。他说："只有英国才有社会的历史。只有在英国，纯粹作为个人，有意识地不代表普遍原则的人们才促进了民族的发展，并且使之接近完成。只有在这里，群众才是为自己的私人利益进行活动的群众；只有在这里，原则要对历史有所影响必须先转化为利益。"在这时的德国和法国，社会的因素还完全被掩藏在政治的因素之下，也就没有社会史了。利益的统治必然表现为财产的统治，使人成为物的奴隶，使人们的关系彻底被扭曲，但它同时是实现符合人性和理性的制度的前奏，它必然要从内部崩溃，让位给合乎人性和理性的制度。这一思想，后来恩格斯自己有过精辟的概述："我在曼彻斯特时异常清晰地观察到，迄今为止在历史著作中根本不起作用或者只起极小作用的经济事实，至少在现代世界中是一个决定性的历史力量；这些经济事实形成了现代阶级对立所产生的基础；这些阶级对立，在它们因大工业而得到充分发展的国家里，因而特别是在英国，又是政党形成的基础，党派斗争的基础，因而也是全部政治历史的基础。"

恩格斯在英国期间，随着对英国的资本主义工业的深入考察，加强了对资本主义的批判，认识了无产阶级，转向共产主义。资本主义工业的发展，一方面推动了资本主义经济的快速发展，另一方面，造成了无产阶级的赤贫化，从而导致了有产者与无产者之间的矛盾激化，是当时英国国内极其严重的社会问题。他说："工业虽然可使国家富庶，但同时也造成了急速增长着的赤贫如洗、勉强度日的无产者阶级，这个阶级是消灭不了的，因为他们永远也不能获得稳定的财产。而这个阶级占了全国人口的三分之一，几乎是一半。商业稍微一停滞就会使这个阶级的大部分人挨饿，大规模的商业危机就会使整个阶级都挨饿，"而资产阶级鼓吹的民主制又不能够解决这个社会问题。在恩格斯看来"单纯的民主制并不能治愈社会的痼疾。民主制的平等是空中楼阁，穷人反对富人的斗争不能在民主制或单是政治的基础上完成"。在这样一种情况下，无产者面临着饿死和起义的二者必居其一的生存状况，无产者除了选择起义就没有别的道路可走了。基于这一点，恩格斯认为，无产阶级是最有前途的，并把解放全人类的希望寄托在无产阶级身上。

对无产阶级的同情以及对资本主义社会和资产阶级民主制的

反人道性质的认识，促使恩格斯转向共产主义。在英国，恩格斯看到了社会主义和工人阶级的密切联系，他指出，社会主义主要是在资产者下层和无产者中间征集自己的拥护者，他们为教育英国劳动阶级做了很多事情。在《伦敦来信》中，他高度赞赏英国的社会主义者为事业而献身的精神和毅力，他说："从社会主义者身上可以很明显地看到英国人的毅力……为了社会改造，这些小伙子准备献出一切：妻子和儿女，财产和生命。"在《大陆上社会改革运动的进展》中，他完全摒弃把资产阶级民主制奉为楷模的观点，揭露了它的虚伪本质，揭示了共产主义事业的本质和肯定共产主义产生的历史必然性，指出共产主义就是"在集体所有制的基础上来改变社会结构的那种急剧的革命，……共产主义不是英国或其他什么国家的特殊情况造成的结果，而是以现代文明社会的一般情况为前提所必然得出的结论。"同时恩格斯还指出了英、法、德三国共产主义学说产生的情况各不相同。"英国人由于国内贫困和道德败坏的现象的迅速加剧，他们通过实践达到这个学说。法国人是通过政治达到的，他们起初只是要求政治自由和平等，但当他们意识到这还不够的时候，除政治要求而外，他们又提出了社会自由和社会平等的要求；德国人则是通过哲学，通过对基本原理的思考而成为共产主义者的。"正是由于产生情况不同，三国的共产主义学说不可能没有分歧。恩格斯认为分歧是次要的，三国的共产主义者应加强相互了解，加强亲密团结，以促进共产主义事业的成功。

恩格斯还对当时在欧洲一些国家流行的圣西门、傅立叶、欧文以及巴贝夫、卡贝的空想社会主义学说进行了概括性的评论，指出它们的弱点，强调指出，"德国人要不抛弃使本民族感到骄傲的那些伟大的哲学家，就得接受共产主义。"恩格斯的这些观点表明他已经转到共产主义立场上了。

恩格斯在《德法年鉴》上发表的《政治经济学批判大纲》中，从社会主义观点分析了资产阶级政治经济学，揭露了它的阶级局限性，同时深入分析了资本主义私有制经济的本质。指出资本主义社会表现出来的垄断、竞争、生产的无政府状态、商业危机、劳动人民的日益贫困以及精神上和道德上的堕落都是私有制所造成的严生恶果。因此，只有用消灭私有制、消灭竞争和利益根本对立的方法，才能结束这种人类堕落的现象。他指出：只要资本家"继续照目前这样无意识地毫不思考地全凭偶然性来进行生产，那末商业危机就会继续下去；而且一定是一次比一次更普遍，因而也一次比一次更严重；这样就必然会使更多的小资本家破产，使专靠劳动为生的阶级人数剧增，因而也必然使急待就业的人数显著地增加（这是我们经济学家必须解决的一个主要问题），最后，所有这一切势必引起一次社会革命，这一革命经济学家凭他的书本知识是做梦也想不到的。"在《英国状况——评托马斯·卡莱尔的"过去和现在"》中，恩格斯利用费尔巴哈的人本主义思想尖锐地批判了卡莱尔鼓吹退回封建社会、宣扬英雄、蔑视群众的唯心主义历史观，提示物质利益在社会发展中的决定作用以及劳动群众的历史作用。明确指出，"只有工人、英国的贱民、穷人，才是真正值得尊敬的人，尽管他们粗野，道德败坏。

将来拯救英国的却正是他们，他们还是可塑性的材料；他们没有受过教育，但他们也没有偏见，他们还有力量从事伟大的民族事业，他们还有前途。"

马克思和恩格斯这一时期的著作表明，他们通过各自的探索，完成了世界观和政治立场的根本转变，实现了从唯心主义到唯物主义、由革命民主主义到共产主义的根本转变。从此后，二人亲密合作，共同战斗，最终实现了人类思想史上的伟大变革，并通过《共产党宣言》等一系列经典著作表现出来。

第四节 《共产党宣言》的写作背景与结构特征

1846 年，马克思和恩格斯一起创立了共产主义通讯委员会和德意志工人协会，他们批判了当时误导工人运动的多种错误思想理论，如魏特林的空想共产主义、格律恩为代表的真正社会主义、蒲鲁东的改良主义等等，引导工人运动向正确的方向发展。1847年他们加入正义者同盟并将其改组为共产主义者同盟。正义者同盟主要是由德国进步青年组成的半秘密性组织，受魏特林主义的影响，奉行"人人皆兄弟"的口号。1847 年 6 月，恩格斯出席了正义者同盟在伦敦举行的第一次代表大会，大会将"正义者同盟"改名为"共产主义同盟"，用"全世界无产者，联合起来"的战斗口号，取代了"人人皆兄弟"的旧口号。恩格斯还为同盟起草了第一个纲领草案——《共产主义信条草案》。草案以问答形式写成，这是在当时易被接受的形式。同年10月底到11月初，恩格斯在征求同盟盟员意见的基础上，对信条草案做了修改和补充，写成了《共产主义原理》。《原理》仍采用问答形式，基本上保持了草案原来的结构，但内容上有很大丰富。1847年11月29日至12月8日，共产主义者同盟在伦敦举行第二次代表大会，马克思恩格斯出席了大会。参加这次大会的除德国代表外，还有瑞士、波兰、英国的代表。大会经过深入的讨论采纳了马克思恩格斯的观点，决定公布一个"宣言"形式的"同盟"纲领，并把起草工作委托给马克思恩格斯。马克思恩格斯在《共产主义信条草案》和《共产主义原理》这两稿的基础上，根据大会通过的纲领原则，认为应当把党的纲领写成一篇充满战斗性的宣言，他们用整整一个月的时间，以"叙述历史"的方式共同撰写了《共产党宣言》（以下简称《宣言》），1848年2月在伦敦付印，以单行本的形式用6种文字正式发表。《宣言》迄今已用200多种语言出版了1 100多个版本，是全球公认的"传播最广的社会政治文献"，是世界各国无产阶级解放运动的指南。

《宣言》最初的版本，由一个简短的引言和4章组成。《宣言》公开发表后，马克思恩格斯没有对这一历史文件作过修改，而是随着实践的发展，通过写序言的形式或写其他文章来发展《宣言》的思想。在1872年至1893年20多年时间里，他们为不同版本的《宣言》先后写了7篇序言，即1872年德文版序言、1882年俄文版序言、1883年德文版序言、1888年英文版序言、

1890 年德文版序言、1892 年波兰文版序言和 1893 年意大利文版序言。前两篇序言由马克思和恩格斯合写，后 5 篇序言由恩格斯一人创作。在每一篇序言中，作者都结合当时社会经济、革命斗争形势和政治状况等方面的新变化，对原来的思想作了新的补充和新的发展。因此，这 7 篇序言成为《宣言》不可分割的有机组成部分，也是学习《宣言》不可缺少的重要文献。

《宣言》现在的结构包括 7 篇序言、引言和 4 章正文。4 章的标题依序是："资产者和无产者"，"无产者和共产党人"，"社会主义和共产主义的文献"，"共产党人对各种反对党派的态度"。

《宣言》是马克思主义经典著作中影响最大、传播最广的作品。《宣言》的基本特点是文字不多，篇幅短小精悍，但思想博大精深，观点简明扼要且透彻精辟，气势恢弘，语言生动，激情洋溢。《宣言》结构严谨，包含了马克思主义理论的基本内容。马克思恩格斯在这部伟大著作中，运用他们创立的唯物史观，对人类社会发展的客观规律，特别是资本主义社会发展的历史和特征进行了科学研究。他们总结了当时工人运动的实践经验，全面地阐述了科学社会主义的基本原理。他们深刻地揭示了资本主义社会的发展规律及其向全球扩张的趋势，揭示了社会主义取代资本主义的必然性；揭示了无产阶级的革命性及其伟大的历史使命，论证了阶级斗争、无产阶级革命和无产阶级专政的重要作用，揭示了共产党的性质和特点，阐明了共产党的领导是无产阶级解放事业取得胜利的根本保证；全面驳斥了当时诽谤与攻击共产主义的种种资产阶级谬论，深刻地批判了当时形形色色的假社会主义思潮，彻底划清了科学社会主义与各种冒牌社会主义之间的界限，从此为各国无产阶级的解放运动树立起科学社会主义的理论旗帜，也为全人类的最终解放树立起伟大的旗帜。

第五节　《共产党宣言》在中国的出版与传播

1896 年，中国民主革命的先行者孙中山留居英国期间，就在大英博物馆读到《共产党宣言》等马克思主义论著。他曾敦促留学生研究马克思的《资本论》和《共产党宣言》。

1899 年 3 月上海《万国公报》刊载节译的英国社会学家颉德的《大同学》一文就涉及到《宣言》的有关内容。1905 年底，资产阶级革命派朱执信在同盟会机关报《民报》第二号上发表的《德意志社会革命家小传》一文，记述了马克思和恩格斯的生平和学说，并第一次简要介绍了《宣言》的写作背景、基本思想和历史意义，还依据《宣言》的日文本并参照英文本摘译了该书的几段文字和第二章的十大纲领全文，并作了解释。作者将该书的书名译为《共产主义宣言》。1908 年 3 月 15 日，刘师培（署名申叔）在《天义报》发表了《〈共产党宣言〉序》。这是中国人第一次为《宣言》作序。此后，有关《宣言》的文章不断见诸报端。

《宣言》的最早中文节译本刊印在 1908 年 1 月 3 日上海《天

义报》第 15、16、17 期合刊上，译者民鸣据日文版译出，这个中译本只翻译了《宣言》第一章，标题译为"绅士与平民"（今译为"资产者与无产者"）。1917 年俄国十月革命之后，国内介绍《宣言》的文章多起来了。1919 年 4 月，李大钊、陈独秀主编的《每周评论》第 16 号在"著"专栏内刊登了成舍我翻译的《宣言》第二章的最后部分及 10 条纲领全文，编者在译文前加了按语，明确指出："这个宣言是马克思最先最重大的意见。"然而直至 1920 年，《宣言》仍没有公开出版的中文全译本，期间虽有北大学生李泽彰译毕《宣言》全文，并在 1919 年 11 月的《国民》杂志上刊出第一章，但因慑于北大教授胡适的威吓，李抽回了译稿，最终未能完全公之于世。

1920 年，中国共产党正处于"胚胎期"，在北京、上海这样的文化中心城市里，越来越多的走在时代前列的知识分子选择了马克思主义作为变革世界改造中国的理论武器，将《宣言》全部译成中文成了他们迫切的愿望。戴季陶当年在日本时曾买了一本日文版《宣言》试想将它译成中文，但因此书翻译难度相当高，戴望而却步。回国后，任上海《星期评论》主编的戴季陶再次萌生此念，打算请人将其译出在《星期评论》上连载，《中国日报》主编邵力子向他推荐了从日本留学回国不久、具有一些马克思主义学识、精通日文和英文的陈望道。

1920 年三四月间，陈望道依据《宣言》日文版并参照陈独秀通过李大钊从北京图书馆借到的英文版，完成了全书的翻译。然而，由于上海当局对《星期评论》实施邮检，迫使该刊停办，在刊物上连载《宣言》的计划落空了。陈望道找到自己的学生俞秀松，托他将译稿转交给陈独秀。陈独秀、李汉俊将译稿校阅一遍后决定出版单行本。于是上海共产主义小组在辣斐德路（今复兴中路）成裕里 12 号秘密建立了一个小型的取名"又新"的印刷所，承印陈望道译的《宣言》。

1920 年 8 月，第一本中文《宣言》全译本终于问世了。全书基本以意译为主，许多新名词和专用术语以及部分章节标题如"贵族""平民""宗教社会主义""贫困地哲学"等俱用英文原文加括号附注，因此书中随处可见英文原文。全书错字、漏字达 25 处，如第一页中"法国急进党"误为"法国急近党"。值得注意的是，由于排版疏忽，封面书名《共产党宣言》错印成了《共党产宣言》。此书初版 1000 册，全部赠阅，9 月又加印 1000 册，封面书名改正为《共产党宣言》。书中正文只字未动，严格地说这只是一次重印，但封三的版权页上仍印上"一千九百二十年九月再版"字样。

随着中国革命形势的发展，对《宣言》的需求与日俱增。《宣言》的第一个中文译本出版后到 1949 年中华人民共和国成立，又有 5 个中文译本陆续问世，译文质量不断提高，所收序言不断增加，发行数量日益扩大。

新中国成立后，1949 年 11 月在北京出版了苏联修订的《宣言》的中译本，收入《马克思恩格斯全集》第四卷。1964 年根据德文并参考英法俄等文本再次作了校订，出版了单行本，是中国流传最广的版本。1972 年 5 月，新编的四卷本《马克思恩格斯选集》正式出版，其中收入了《宣言》的正文和马克思恩格斯写的7 篇序言。1995 年 6 月，又编辑出版了第二版。这版《马克思恩格斯选集》对收载的文献作了较大调整，并按原著文字对译文重新作了校订。1997 年 8 月人民出版社又根据《马克思恩格斯选集》中文第二版第一卷中的《宣言》的新译文出版了单行本。1998 年，为纪念《共产党宣言》发表 150 周年，中央编译出版社出版了《共产党宣言》纪念版。

第二章　七篇序言解读

　　《共产党宣言》总共有 7 篇序言，其中前两篇是马克思和恩格斯合写的，马克思逝世以后，恩格斯又写了 5 篇序言。《宣言》中文单行本，连同 7 篇序言一起发表。这 7 篇序言，既回顾了《宣言》和国际共产主义运动相结合的历史，又根据发展了的革命实践，进一步阐发和丰富了《宣言》正文的内容。7 篇序言是《宣言》不可缺少的组成部分，也是学习《宣言》必须阅读的文献。

第一节　1872 年德文版序言

　　这是马克思和恩格斯为《宣言》合写的第一篇序言。

　　这篇序言写于巴黎公社革命之后。1871 年 3 月 18 日，巴黎的无产阶级在内忧外患的紧急关头，进行了英勇的武装起义，推翻了反动政府，建立了世界上第一个无产阶级专政的政权，即巴黎公社。公社只存在 72 天，就被反动派扼杀了。在镇压公社的硝烟尚未飘散之际，马克思写下了著名的《法兰西内战》，总结了公社的宝贵经验，发展了《宣言》的基本原理。1871 年 9 月，第一国际伦敦代表会议通过了马克思和恩格斯起草的决议，决议根据巴黎公社的教训，提出工人阶级在它反对资产阶级政权的斗争中，只有组织一个与有产阶级建立的一切旧政党对立的独立政党，才能作为一个阶级来行动。这就为各国即将建立的无产阶级政党提供了科学社会主义的纲领。同时，第一国际内部的无政府主义者巴枯宁之流，污蔑巴黎公社，反对无产阶级的政治斗争，反对建立无产阶级专政，鉴于这种情况，马克思与恩格斯认为有必要进行有力的反击。因此，在德国社会民主工党中央机关报《人民国家报》编辑部倡议出《宣言》新的德文版之际，马克思和恩格斯写了这篇序言。

这篇序言首先指出《宣言》产生的缘由和《宣言》到 1872 年传播的情况，指明《宣言》是共产主义者同盟这个世界上第一个共产党的"周详的理论和实践的党纲"。它一出版就产生了巨大的影响，很快就传遍了欧洲。

这篇序言明确指出，对《宣言》必须采取辩证唯物主义的态度。首先，必须肯定《宣言》的基本原理，"不管最近二十五年来的情况发生了多大的变化，这个《宣言》中所发挥的一般基本原理整个说来直到现在还是完全正确的"。这就是说，《宣言》的基本原理仍然是各国共产党必须坚持的普遍真理。其次，《宣言》

指出"现在有些地方已经过时了"，必须修改、补充、发展。马克思、恩格斯并不讳言《宣言》个别原理、个别词句的局限性，公开声明《宣言》"个别地方本来可以作某些修改"。并举例说明在《宣言》第三章中，对各种社会主义流派的批判只适用于1847年，显然到1872年就有些跟不上了；在第四章中，关于共产党的策略问题的论述，虽然大体是正确的，但由于所涉及的反对党派都成为过去，所以这些论述在实践上也已过时；第三，马克思与恩格斯指出对于《宣言》中正确的原理，也不能生搬硬套，"这些基本原理的实际运用，正如《宣言》中所说的，随时随地都要以当时的历史条件为转移"。这就是说，必须把马克思主义的普遍原理和具体的革命实践相结合，各国都要善于从本国的国情出发灵活地运用《宣言》的原则。从某种意义上说，这种结合实际的运用，也是对《宣言》、对马克思主义的发展。在这篇序言中，对《宣言》正文作了重要修改和补充。这就是序言中所说的"特别是公社已经证明：工人阶级不能简单地掌握现成的国家机器，并运用它来达到自己的目的"。在《宣言》中，已经提出无产阶级用暴力推翻资产阶级而建立自己的统治。但是，对于资产阶级的国家机器，无产阶级究竟采取什么具体的态度，对于无产阶级夺取政权后，建立什么样具体的政治统治，《宣言》尚未有明确的结论。在《宣言》发表后，1848年法国发生了二月革命，工人阶级和人民群众在武装起义胜利后，把资产阶级的法兰西第二共和国当成"社会共和国"，认为只要有自己的代表参加政府，政府颁布劳动权利法令，并建立相应的政府机构保障法令的执行，就大功告成了。但是,这仅仅是资产阶级政府在工人手中有武器、街垒未撤除之前,与工人达成的一种妥协,而当他们感到有力量对付工人阶级时,他们就迫使工人不得不走上武装反抗的道路。六月起义终于被暴力镇压,马克思由此得出工人革命必须摧毁资产阶级国家机器的结论。巴黎公社革命之所以成为第一次无产阶级专政的尝试,关键就在于巴黎无产阶级在武装起义胜利后,没有放下武器,打碎了资产阶级国家机器并以公社委员会代替旧的国家机关。公社实质上是工人阶级的政府,是第一个无产阶级专政的形式。巴黎无产阶级正是凭借公社对社会进行了改造,做出了翻天覆地的大事业。马克思总结公社基本经验,指明无产阶级要获得解放,就必须通过革命打碎旧的资产阶级国家机器,必须建立起公社类型的无产阶级专政,必须运用无产阶级专政,进行全面的、彻底的社会改造才能达到自己的目的。显然,这些思想继承并发展了《宣言》正文中有关的基本原理。

第二节 1882 年俄文版序言

这是马克思和恩格斯为俄国早期马克思主义者普列汉诺夫翻译的《宣言》第二个俄文版所写的序言。

当时,正是自由资本主义向帝国主义过渡的和平发展时期,国际共产主义运动经过巴黎公社后的低潮,又开始逐步走向高潮。

1861 年，俄国废除农奴制，资本主义有了较快发展，无产阶级的斗争也开始兴起。1875 年在敖得萨建立了俄国第一个工人组织"南俄工人协会"，1878 年"俄国北方工人协会"在彼得堡成立，提出了"推翻国内现存的政治经济制度"的纲领。但是，反对沙皇统治的斗争影响最大的派别是民粹派，这个派别被列宁称为小资产阶级空想社会主义者。他们在 19 世纪 70 年代走上政治舞台，主要成员是知识分子，他们高喊"到民间去"的口号，号召农民推翻沙皇。他们无视资本主义在俄国的发展，否认工人阶级的伟大作用，视群众为"群氓"，认为只要发展俄国的农村公社，就可以过渡到共产主义。结果"到民间去"的运动终于失败，民粹派中的一些人走上了从事个人恐怖活动的道路，成了"民意党"，并于 1881 年刺杀了沙皇亚历山大二世。另一些人到 19 世纪 80 年代形成自由民粹派，他们代表富农利益进行活动。普列汉诺夫原来是民粹派的成员，因遭沙皇政府迫害而于 1880 年流亡国外，此后逐步接受马克思主义，脱离了民粹派。从 19 世纪 70 年代起，马克思和恩格斯不仅研究发达资本主义国家的无产阶级革命问题，还把更多的注意力转向资本主义发展较落后的俄国。他们从理论上探索俄国今后发展的道路，并且回答了俄国革命者提出的有关问题。《宣言》俄文第二版的序言，是他们对《宣言》第一次发表后全球资本主义发展的概述，也是他们就俄国无产阶级革命道路问题研究的一个总结。这个总结，批判了民粹派的错误观点，为马克思主义在俄国的发展扫清了道路。这篇序言是结合具体国家的国情，灵活运用《宣言》的基本原理，解决面临的历史任务的典范。

这篇序言的主要内容有两点：

1. 从《宣言》的第一个俄文译本问世，引起西方大惊小怪入手，以美国与俄国为例论述了1848年以来，资本主义在世界的发展。指出《宣言》问世的时候，资本主义还没有扩展到全世界，因而卷入无产阶级运动的地区还很少，所以《宣言》正文第四章《共产党人对各国反对党派的态度》中，讲到美国时，仅仅提到通过第二章了解了共产党对其他工人政党的态度之后，"因而也就可以了解他们同……北美土地改革派的关系"。但是，没有像西欧、中欧国家那样，具体阐述共产党人对美国的反对党派的态度，对于俄国则只字未提。之所以这样，是因为那时美国和俄国资本主义尚未迅速发展。美国南部还保存着奴隶制，俄国则是个农奴制国家。他们既是欧洲的原料供应地，又是商品倾销市场。相对于资本主义已经迅速发展的欧洲来说，"这两个国家不管怎样，当时都是欧洲现存秩序的支柱"。1861年，俄国开始废除农奴制，1861—1865年，美国发生南北战争，北方的资本主义开始推行到南方。到1869年巴枯宁翻译的《宣言》第一个俄文译本出版时，俄国的资本主义刚刚起步，这就难怪西方把此事当成"文坛上的一件奇闻"。但是，到1882年，资本主义在美、俄取得了可观的进展。美国利用吸收欧洲的移民进行了大规模的农业生产，发展了工业，很快摧毁了英国的工业垄断地位。"这两种状况，对美国本身也起着革命作用"。这种革命作用就是资本主义生产力的大发展和无产阶级队伍的壮大。俄国在废除农奴制后，资本主义也有了较快的发展。这样，以往作为"欧洲反对势力的首领"的俄国，已变成"欧洲革命运动的先进队伍了"。马克思和恩格斯叙述美国、俄国的这些演变，不仅说明了资本主义在世界的发展，而且进一步说明，随着资本主义的发展，无产阶级革命运动也在发展，从而含蓄地说明《宣言》的基本原理和它的预测是完全正确的。

2. 从《宣言》的任务引出俄国革命的前途问题。通过对俄国农村公社的分析，说明一定条件下，落后国家可以不经过资本主义制度进入社会主义。序言指出，"《共产党宣言》的任务，是宣告现代资产阶级所有制必然灭亡"。这既是对《宣言》发表的目的精辟的阐述，又是对序言的升华。问题在于在不同国家怎样完成消灭资本主义私有制这个任务。在俄国，既有资本主义的土地私有制，又存在众多的农村公社。农村公社是原始社会向奴隶制社会过渡时期的社会组织和生产组织，在公社里，土地实行公有制，定期在成员中重新分配，但是，血缘关系已为地域关系所取代，房屋、宅旁小块土地、家畜已属私有。怎样看待这种俄国公社，俄国公社今后的前途怎样，这在当时的俄国是个争论十分激烈的问题。马克思和恩格斯从 19 世纪 70 年代起，对此进行了深入研究，在这篇序言中，得出这样的结论，"对于这个问题，目前唯一可能的答复是，"假如俄国革命将成为西方无产阶级革命的信号，双方进而可以互相补充的话，那么现今的俄国土地公共所有制便能成为共产主义发展的起点"。这就是说，俄国农村公社这种原始土地公共所有制形式要想不遭到资本主义的破坏，就必须具备这样的条件：俄国的资产阶级革命首先发生，从而引发西方发达资本主义国家的无产阶级革命，并且西方的无产阶级革命反过来又可以影响俄国革命，俄国公社这样就能够发展成为社会主义公有制。简言之，就是必须在俄国公社未被资本主义摧毁之前，发生民主革命和社会主义革命，这样，俄国公社就可以不经过资本主义而进入社会主义。这里所说的革命，并不是单纯的政治革命，而指的是俄国经济体制的变革与西方经济体制的变革同时发生。尽管后来农村公社大部分被资本主义瓦解了，但是，直到十月革命发生，俄国一部分地区仍残存农村公社，这些公社确如马克思和恩格斯所预言的那样。更重要的是，马克思和恩格斯关于俄国公社问题的论述，包含着落后国家不经过资本主义而进入社会主义的宝贵思想。这个思想对于我国和许多国家坚持走社会主义道路，具有十分重大的意义。

第三节　1883 年德文版序言

1883 年德文版的《宣言》是《宣言》的第三个德文本。这个版本是马克思逝世后由恩格斯一人校阅的。因此这一版的序言，成了《宣言》序言中第一篇由恩格斯个人署名的序言。

恩格斯在这篇序言中，首先说明由于马克思的逝世，《宣言》作为两个人合作的历史性文件，无法再作修改和补充。然后，恩格斯着重说明了《宣言》的基本思想。他说:"《宣言》中始终贯彻的基本思维:即每一个历史时代的经济生产以及必然由此产生的社会结构,是该时代政治和精神的历史的基础;因此(从原始土地公有制解体以来)全部历史都是阶级斗争的历史,即社会发展各个阶段上被剥削阶级和剥削阶级之间、被统治阶级和统治阶级之间斗争的历史;而这个斗争现在已经达到这样一个阶段,即被剥削被压迫的阶级(无产阶级),如果不同时使整个社会永远摆脱剥削、压迫和阶级斗争,就不再能使自己从剥削它、压迫它的那个阶级(资产阶级)下解放出来——这个基本思想完全是属于马克思一个人的。"这个基本思想表明,历史唯物主义是贯穿《宣言》的一根红线。《宣言》的基本思想就是历史唯物主义及其具体运用于资本主义社会所得出的结论。

第一,这个基本思想说明,经济生产和必然由此产生的每个历史时期的社会结构,是构成这个时期的政治史和思想史的基础。换句话说,就是社会的生产力和由它决定的经济基础决定社会的上层建筑。只有从物质生产、经济基础出发,才能真正了解政治和意识形态,才能真正把握历史发展的原因。

第二,这个基本思想说明,在生产关系和生产力矛盾的基础上产生的阶级和阶级斗争,是阶级社会发展的动力。自从原始社会解体以来,社会的历史就是阶级斗争的历史。因此,必须用阶级斗争的观点去分析观察阶级社会。

第三,阶级斗争发展到资本主义社会,形成了无产阶级反对资产阶级的斗争。这个斗争必须发展到使整个社会彻底消灭剥削、压迫和阶级斗争。恩格斯这段话的意思是，无产阶级不但要解放自己，而且要解放全人类，如果不能解放全人类，无产阶级自己就不能得到解放。这个思想，是马克思主义统一战线理论的基本思想。

《宣言》的基本思想，就是运用历史唯物主义具体考察资本主义社会，从而得出资本主义必然灭亡，共产主义必然胜利的结论；得出无产阶级是埋葬资本主义、实现共产主义的社会力量的结论。《宣言》本文并没有专门集中论述历史唯物主义的基本原理，但是历史唯物主义的基本思想却贯穿在《宣言》的每一章。《宣言》对资本主义制度的产生、发展和必然灭亡的论述，是唯物主义的；对无产阶级的产生、发展和必然胜利的论述，也是唯物主义的；对共产党的性质、理论、目标和策略的论述，同样也是唯物主义的；对各种各样社会主义学说和流派的批评和分析也都遵循了历史唯物主义的原则。一句话，历史唯物主义是《宣言》的理论基础。

把历史唯物主义原理完全归属于马克思一个人，体现了恩格斯对马克思的尊重和自己的谦虚，实际上，恩格斯在《英国工人阶级状况》一书中，已经单独掌握了历史唯物主义的基本原理。而标志着历史唯物主义创立的《德意志意识形态》是马克思和恩格斯共同的作品。因此，历史唯物主义实际上是马克思和恩格斯共同创立的。

第四节　1888 年英文版序言

1888 年《宣言》的英文版是在这样的背景下出版的：当时，欧美工人运动有了较大发展，一系列社会主义政党先后建立，开始酝酿建立第二国际。英国的工人运动也出现了新的高潮，新的工人组织纷纷成立，建立独立的英国无产阶级政党成了英国工人运动继续前进亟须解决的问题。为了使新的无产阶级国际组织和工人政党有个科学的革命纲领，恩格斯支持赛·穆尔翻译《宣言》，并亲自校订了译文，加上一些附注，写了这篇序言。

这篇序言着重说明如下几个问题：

1. 《宣言》诞生和传播的历史在很大程度上反映了现代工人运动的历史。《宣言》是在 1848 年欧洲革命的形势下，作为共产主义者同盟的纲领发表的。1871 年 6 月，巴黎工人阶级的起义失败。此后，独立的无产阶级运动都遭到无情镇压，共产主义者同盟在"科伦共产党人案件"宣判之后也解散了。欧洲进入一个政治上的反动时期，《宣言》被宣布为非法出版物，被反动统治阶级所禁锢。19 世纪 60 年代初，欧洲工人运动重新高涨，第一国际建立。第一国际建立时，为了团结受不同社会主义流派影响的工人组织，不能立刻宣布《宣言》的原则，只能发表使加入国际的所有工人组织都能接受的纲领。马克思希望在共同行动和共同讨论中，使各国工人组织在实践中提高觉悟，抛弃他们那些毫不中用的万应灵丹，而接受《宣言》的革命原则。马克思把原则的坚定性和策略的灵活性巧妙地结合起来，达到了预期的目的。到第一国际解散时，国际内部的机会主义派别已经奄奄待毙，马克思主义成为国际工人运动中居统治地位的思想体系。因此，《宣言》的原则在各国工人中间得到了广泛传播。《宣言》的各种文本、不同版本发行到各国，推动了各国工人运动的发展和成熟，这说明"《宣言》的历史在很大程度上反映着现代工人运动的历史。现在，它无疑是全部社会主义文献中传播最广和最带国际性的著作，是从西伯利亚起到加利福尼亚的千百万工人公认的共同纲领"。

2. 说明《宣言》在发表的时候不能叫社会主义宣言而只能叫共产主义宣言的原因。因为 19 世纪 40 年代，社会主义是资产阶级的运动，所谓社会主义者，不是堕落成宗派的空想社会主义的信徒，就是一些企图修补资本主义的社会庸医，这些人都是站在工人运动之外的。而当时的共产主义则是工人阶级的运动，工人阶级中坚信必须对资本主义进行根本改造的人都自称共产主义者。所以，马克思和恩格斯毫不犹豫地选择了《共产党宣言》的名称，以此表明《宣言》是无产阶级解放运动的理论，是无产阶级争取解放的纲领。必须说明的是，到 19 世纪 70 年代，社会主义和共产主义这两个概念逐渐具有同样的含义，马克思和恩格斯在自己的著作中也不再加以区分，以至于恩格斯在这篇序言中把《宣言》称为"社会主义文献"。

序言再次指明贯穿《宣言》始终的核心的基本原理是历史唯物主义，并指出历史唯物主义创立的伟大意义。这篇序言指出，《宣言》的基本原理和1883年德文版序言所指出的基本相同，只是对个别提法加以补充和延伸，使之更加明晰。恩格斯认为历史唯物主义"在我看来这一思想对历史学必定会起到像达尔文学说对生物学所起的那样的作用"，高度评价了历史唯物主义创立的意义。这就是说，历史唯物主义的创立使历史学发生了革命性的变革，使社会科学真正成了科学。对于社会主义理论来说，正是历史唯物主义和剩余价值学说的创立，才使社会主义由空想变为科学。这样，恩格斯也就充分肯定了创立历史唯物主义的马克思的伟大历史功绩。

第五节　1890年德文版序言

这篇序言是在德国和国际工人运动高涨的形势下写的。1890年初，德意志帝国国会否决了延长反社会党人法的提案，不久德国社会主义工人党在帝国国会选举中，第一次在所有政党中获得最多的票数。这一切表明，德国反动统治阶级镇压社会民主党人政策的失效。于是，推行这项政策最有力的铁血宰相俾斯麦被迫下台，德国工人运动出现了高潮。在此前一年，第二国际成立，并通过了规定五月一日为国际无产阶级的节日的决议。1890年5

月1日，欧美各国工人举行了集会和游行示威，庆祝第一个"五一劳动节"，显示了国际无产阶级的国际团结和伟大力量。为了使德国和国际上新的工人运动能遵循马克思主义的原则发展，1890年5月，《宣言》第四个德文本出版了。

在1890年德文版序言中，恩格斯主要说明了两个问题。其一是叙述了《宣言》诞生以来的种种遭遇，说明《宣言》尽管有时被反动统治者宣布为非法，但它随着工人运动的发展，仍然在更广范围内继续传播着，在叙述《宣言》传播的过程中，恩格斯转录了1882年俄文版的序言和1888年英文版序言的基本内容。其二，说明国际无产阶级的联合在不断发展，到写这篇序言时，全世界无产阶级联合起来已成为事实。恩格斯指出：《宣言》正文在结束语中提出的"全世界无产者联合起来"的口号，在《宣言》刚发表时响应者并不多，但1864年西欧各国的无产者就联合起来了；1864年第一国际日内瓦代表大会宣布争取8小时工作制；1889年第二国际成立大会再次宣布这一主张并确定每年五月一日为劳动节，作为检阅无产阶级大军的节日；1890年的五一劳动节，欧美许多国家的无产阶级通过集会、游行等活动第一次纪念五一劳动节，显示了无产阶级的伟大力量和国际团结，它表明"全世界无产者现在已经真正联合起来了"。因此，恩格斯自然想到了《宣言》的创作者，自己的终生战友马克思。恩格斯深情地说："如果马克思今天还能同我站在一起亲眼看见这种情景，那该多好啊！

第六节　1892年波兰文版序言

　　这是恩格斯为《宣言》的第三个波兰文版写的序言。《宣言》的波兰文版在1848年《宣言》问世不久就在伦敦出现了。到19世纪80年代，随着波兰工人阶级的觉醒，波兰第一批社会主义组织出现了。1882年，波兰第一个阶级政党"无产阶级"建立，《宣言》的第二个波兰文版也在伦敦出版。但是第三年这个组织就因遭到镇压而解散了。1888年，"第二无产阶级"又在华沙成立了。在国外的一些波兰人也以社会党人的身份进行宣传马克思主义的活动。1892年波兰社会党人在伦敦办的《黎明》杂志出版社出版了《宣言》新的波兰文本，恩格斯应邀写了这篇序言，其主要内容是：

　　指出"《宣言》在某种程度已经成为测量欧洲大陆大工业发展的一种尺度"。恩格斯指出，这是因为一个国家的大工业的发展，意味着工人阶级队伍的壮大，工人阶级因此想要了解自己的社会地位的愿望也就越强烈。这样，社会主义运动的影响也就会越来越大，从而对《宣言》的需求也就越来越强烈。"这样，根据《宣言》用某国文字发行的份数，不仅可以相当准确地判断该国工人运动的状况，而且可以相当准确地判断该国大工业发展的程度"。因此，《宣言》的波兰文新版本的刊行既标志着波兰社会主义思想的进一步传播和工人运动的发展，同时也标志着波兰工业的重大发展。

指明波兰必须独立，波兰的独立只有靠波兰无产阶级。波兰从 17 世纪起逐渐衰落，在 18 世纪三次被沙俄、奥地利和普鲁士瓜分。波兰人民毫不屈服，进行了英勇斗争。1830 年、1848 年和 1863 年，波兰人民三次进行大规模的争取民族独立的武装斗争，由于敌人的强大和波兰贵族的腐败以及波兰资产阶级的软弱，这些武装起义都失败了。到恩格斯写这篇序言时，波兰仍处于沙俄统治之下。但是，波兰工业的迅速发展，既是波兰人民有无穷生命力的证明，又是波兰人民达到民族复兴的新的保证。恩格斯认为，波兰的独立具有十分重要的意义，这是因为波兰处于欧洲的中部，战略地位十分重要，它的独立将极大地削弱当时欧洲反动势力的堡垒——沙皇俄国，从而为欧洲资本主义国家的无产阶级的解放创造条件。因此，"一个独立强盛的波兰复兴是一件不仅关系到波兰人而且关系到我们大家的事情"。恩格斯进一步论述了国际合作和民族独立的关系，证明"欧洲各民族的真诚的国际合作，只有当其中每个民族都在自己家里完全自主的时候才能实现"。显然，如果存在民族压迫，存在一国对他国的统治，那么国与国之间就不可能真诚合作。波兰不独立，欧洲各民族和谐的合作就是一句空话。波兰的独立依靠哪个阶级来实现呢？历史已经证明，在资本主义席卷欧洲的情况下，波兰贵族没有保持波兰的独立，也不可能重新争得波兰的独立。波兰资产阶级虽然随着波兰工业的发展而发展起来了，但是从 1848 年的欧洲革命和

1863 年波兰起义被镇压的实际看，波兰资产阶级也不可能争得波兰的独立。因此，恩格斯断言："这种独立只有年轻的波兰无产阶级才能争得，而且在波兰无产阶级手里会很好地保持住。"这是因为波兰无产阶级只有首先争得波兰的独立，才能谈得上争取本阶级的解放。当欧洲资产阶级还有能力压迫波兰人民的时候，欧洲其他国家的无产阶级很难取得自己的解放，所以欧洲无产阶级也需要波兰的独立，也一定会支援波兰无产阶级，维护波兰的独立。

第七节　1893 年意大利文版序言

这是恩格斯应意大利社会党领袖菲·屠拉梯的请求，为《宣言》意大利文版写的序言，原题为《致意大利读者》。经过半个多月的酝酿，恩格斯针对意大利的具体情况，在这篇序言中，着重说明了民主革命和民族独立的关系、民主革命和社会主义革命的关系、民族独立和无产阶级国际联合的关系，并表示了对社会主义革命新纪元和意大利革命到来的极大希望。

通过对 1848 年欧洲资产阶级革命使德国、意大利获得独立的阐述，说明资产阶级的统治离不开民族的独立。恩格斯指出，在 1848 年革命发生前，意大利和德国由于封建割据和内讧，分别受到奥地利帝国和沙皇俄国的统治和压迫。1848 年革命虽然失败了，但其结果却使意大利和德国摆脱了这种屈辱的地位。这是因为各国镇压 1848 年革命的反动统治者在迅速发展的资本主义面前，不得不扮演革命遗嘱执行人的角色，为资本主义的进一步发展扫清道路。1870 年，意大利获得独立。第二年，德国也宣告统一。恩格斯指出，1848 年革命虽然是工人级干的，但这次革命毕竟是资产阶级民主革命，所以革命的果实最终被资产阶级夺取了。"但是在任何一个国家，资产阶级的统治离开民族独立是不行的"。资本主义的发展和资产阶级的统治需要自由竞争，需要自由的资金和自由的劳动力，因此，获得民族和国家的独立是资本主义充分发展的先决条件，正是这样，1848 年革命才使意大利和德国最终获得了统一和独立。

序言的第二个自然段在论述民主革命和民族独立的关系时，指出 1848 年革命中，法国工人阶级抱有推翻资产阶级的意图，但是，当时"无论是法国经济的进展或法国工人群众的精神发展，都还没有达到可能实现社会改造的程度"。这个论述，可以说是恩格斯晚年对无产阶级社会主义革命的到来的重新估计，对资本主义灭亡的时间的重新估计。它纠正了《宣言》正文中对这两者估计过快、过早的偏颇，显示了马克思主义接受实践的检验，根据实践修正自己的个别结论，在实践中不断发展的生命力。

阐述了民主革命和社会主义革命的关系、民族独立和无产阶级国际联合的关系。恩格斯指出："1848 年革命虽然不是社会主义革命，但它毕竟为社会主义革命扫清了道路，为这个革命准备了基础。"这是因为，1848 年革命为资本主义的发展扫清了障碍，使资本主义得到迅速发展，从而为社会主义革命准备了物质基础。资本主义的发展又使工人阶级壮大起来，从而为社会主义革命准备了阶级基础。正如资产阶级的统治离不开民族独立一样，"不恢复每个民族的独立和统一，那就既不可能有无产阶级的国际联合，也不可能有各民族为达到共同目的而必须实行的和睦的与自觉的合作"。在《宣言》正文中，更多的是强调无产阶级国际联合的思想，在这里则说明了民族独立和无产阶级国际联合的关系。各国无产阶级有着共同的利益、共同的敌人，它的历史使命是国际性的，这就决定了无产阶级必须实行国际联合。无产阶级革命取得国际性联系的形式是，一国无产阶级首先必须在本国范围内打倒资产阶级。而要这样做，这个国家首先要取得民族独立。在一个丧失民族独立的国家里的无产阶级，既无法打倒本国资产阶级，也不可能和其他国家的无产阶级建立广泛的国际联合。这个思想，是对《宣言》正文有关思想的发展。

对国际社会主义革命和意大利无产阶级的胜利寄予了极大的希望。恩格斯根据1848年革命后45年的资本主义大发展，表示希望《宣言》的意大利文本的出版能成为意大利无产阶级革命胜利的预兆。意大利的著名诗人但丁，于1307—1321年完成了他的代表作《神曲》，有力地批判了封建神权制度，从而昭示了资本主义时代的到来，因此，恩格斯评价道："他是中世纪最后一位诗人，同时又是新时代的最初一位诗人。"恩格斯写这篇序言的时候，正是所谓"世纪末"的议论广泛流行之时，资产阶级预言无产阶级革命运动将在20世纪灭亡。恩格斯从社会发展规律的高度，指出："现在也如 1300 年间那样，新的历史纪元正在到来。意大利是否会给我们一个新的但丁来宣告这个无产阶级新纪元的诞生呢?"从而给资产阶级预言家以有力的回击，表达了对无产阶级国际革命和意大利无产阶级革命的希望和坚强的信心。

第八节　七篇序言总体解读

7 篇序言写于不同的时期，各有其侧重的主题，总体上说，大体包括了以下几种重要的思想。

第一，阐明了对待《宣言》的科学态度。在 1872 年德文版序言中，马克思恩格斯指出"不管最近 25 年来的情况发生了多大的变化，这个《宣言》中所阐述的一般原理整个说来直到现在还是完全正确的"。"这些原理的实际运用，正如《宣言》中所说的，随时随地都要以当时的历史条件为转移"。但是，由于时代的变迁和实践的发展，《宣言》中的一些观点、一些论述"是不完全的"，有的"已经过时了"；如果可以重写，"许多方面都会有不同写法"。马克思恩格斯这里所强调的思想是理论应随着实践的发展而发展。随着无产阶级革命运动的发展，关于无产阶级革命的理论也必然随着无产阶级革命实践的发展而不断地丰富、发展。它的实际运用并不是千篇一律的，而是要求与各国具体的实际相结合，不断丰富和发展理论。

　　确实，用今天的眼光来看《宣言》，不能否认，马克思恩格斯在对未来的预测中，也包含了一些今天看来不切实际的因素，这其中的历史局限性是难免的。由于当时根本不存在社会主义的实践经验，在批判吸收空想社会主义的大量而艰巨的工作中，难免会把某些未经清理的空想因素作为科学养料吸收进科学社会主义理论中。正如恩格斯所说："我们只能在我们时代的条件下去认识，而且这些条件达到什么程度，我们才能认识到什么程度。"①

　　《宣言》公开地表明马克思和恩格斯对于自己理论的态度。他们在自己理论活动的初期就申明：我们不想教条式地预料未来，而只是希望在批判旧世界中发现新世界。马克思十分厌恶对他的理论的"奴隶式的盲目崇拜"和"简单模仿"。他终生注视着世界历史发展的新情况，根据科学和实践的发展不断补充和完善自己的理论。在马克思主义发展史上，马克思最先树起了反对教条主义的旗帜。早在1843年，马克思就指出："新思潮的优点就恰恰在于我们不想教条式地预料未来，而只是希望在批判旧世界中发现新世界"，因为"我们的任务不是推断未来和宣布一些适合将来任何时候的一劳永逸的决定"，而且"要对现存的一切进行无情的批判"。基于这种立场，马克思曾对工人阶级说："我不主张我们竖起任何教条主义的旗帜。"恩格斯同样是用马克思主义的态度对待马克思主义的典范。他指出："马克思的整个世界观不是教义，而是方法。它提供的不是现成的教条，而是进一步研

究的出发点和供这种研究使用的方法。"

　　第二，阐明了《宣言》的性质和任务。1872 年德文版序言和 1888 年英文版序言指出，《宣言》是共产党的一个"详细的理论和实践的党纲"，是世界各国"千百万工人公认的共同纲领"。1882 年俄文版序言中明确指出："《共产党宣言》的任务，是宣告现代资产阶级所有制必然灭亡。"共产党人所领导的工人运动之所以需要一个党纲，原因在于，制定和实践党纲是无产阶级政党的首要问题。马克思恩格斯认为，党必须有一个正确的政治纲领，党的纲领不但标示着党的性质和运动的水平，而且为全党及其所代表的阶级指明斗争目标和达到目标的道路。一个正确的积极的纲领，将动员、团结和指引党和群众进行胜利的战斗。所以，每一个工人政党都应当力求制定一个统一的正确的纲领。一切加入工人政党的人，必须无条件地接受党的科学纲领，忠实地捍卫和用实际行动实现党的纲领。同时，党纲要明确规定党的最终目的。马克思恩格斯强调，工人阶级政党必须公开申明自己的目的以及达到目的的手段。恩格斯针对一些党为了眼前利益而放弃消灭雇佣劳动制度这个最终目标的现象，强调党的纲领必须明确地规定党的最终目的是工人阶级夺取政权以便实现整个社会对一切生产资料的直接占有，供全体并为了全体而共同利用。这是无产阶级解放的基本条件，是工人阶级政党和其他阶级政党相区别的一个根本标志。丢弃了它，势必模糊工人运动的方向和党的阶级性。更为重要的是，党纲要将运动的实际发展和群众的现实要求相结合。无产阶级政党的纲领必须遵循一定历史时期的物质经济生活条件来说明一切历史事变和观念，一切政治、哲学和宗教的唯物主义原则，根据资本主义生产方式的实际发展和工人运动的现实需要，来规定运动的目标和实现目标的行动路线。绝不可以把党的最终目的变为空洞的口号，当作教条，而必须把争得最终目的的斗争与当前条件所需要的政治行动和广大工人群众的实际要求密切地结合起来。

第三，阐明了《宣言》的基本思想。恩格斯在 1883 年德文版序言中指出："贯穿《宣言》的基本思想：每一历史时代的经济生产以及必然由此产生的社会结构，是该时代政治的和精神的历史的基础；因此（从原始土地公有制解体以来）全部历史都是阶级斗争的历史，即社会发展的各个阶段上被剥削阶级和剥削阶级之间、被统治阶级和统治阶级之间斗争的历史；而这个斗争现在已经达到这样一个阶段，即被剥削被压迫的阶级（无产阶级），如果不同时使整个社会永远摆脱剥削、压迫和阶级斗争，就不再能使自己从剥削它压迫它的那个阶级（资产阶级）下解放出来。"1888 年英文版序言中，恩格斯重申了这一思想，科学地概括了新的历史观与科学社会主义的基本线索。

《宣言》是马克思恩格斯在当时条件下对科学社会主义理论的总体阐释，主要包括 3 个组成部分。一是对资本主义的批判分析。通过对于生产社会性和生产资料资本主义私人占有形式之间的矛盾的发展的分析，得出社会主义必然取代资本主义、生产资料的公有制必然取代生产资料私有制的结论，科学地论述了资本主义必然灭亡、社会主义必然胜利的客观规律。二是对未来社会的设想。主要包括：社会主义将首先在资本主义最发达，无产阶级数量最多的几个资本主义国家同时实现，然后带动经济比较落后的国家实现。寄希望于英国、法国、德国和美国；发达资本主义国家的无产阶级在世界无产阶级革命运动中应起先导和领导作用。处于资本主义以前的发展阶段的一切国家只有在发达资本主义国家的无产阶级在战胜资产阶级方面做出榜样和支持，只有从实例中看到怎样"把现代工业的生产力作为社会财富为整个社会服务的时候"，这些落后国家才能走上这种缩短的发展过程的道路。无产阶级夺取政权后，要有一个从资本主义社会向社会主义社会的过渡时期，过渡时期实行无产阶级专政。三是关于无产阶级革命的理论。主要包括无产阶级和资产阶级的斗争是现代社会变革的巨大杠杆，无产阶级是作为资产阶级的掘墓人出现的，无产阶级的伟大历史使命是变革资本主义旧制度，建设共产主义新制度；无产阶级要同其他劳动者结成联盟，建立统一战线；坚持无产阶级国际主义，号召全世界无产者联合起来。同被压迫民族和被压迫人民团结合作、互相支援；坚持共产主义政党的正确领导；通过各种革命斗争推翻资产阶级统治，建立无产阶级政权；依靠无产阶级政权实行生产资料社会公有制，逐步改造和消灭私有制，大力发展社会主义经济、文化，达到消灭阶级和阶级差别，最终建成共产主义。

第四，根据国际共产主义运动的最新经验，为《宣言》增加了新的重要补充。1872年德文版序言中，马克思恩格斯根据1848年欧洲革命，特别是1871年巴黎公社革命的最新经验，引述了

《法兰西内战》中的原话："工人阶级不能简单地掌握现成的国家机器，并运用它来达到自己的目的。"这就是说，1848年革命和1871年巴黎公社的实践经验证明，无产阶级要想夺取革命的彻底胜利，就必须通过暴力革命，打碎旧的国家机器，建立无产阶级专政。这个修改和补充，是对《宣言》中基本原理的重大发展，具有深远的历史影响。

巴黎公社是一个在1871年3月18日（正式成立的日期为同年的3月28日）到5月28日期间短暂地统治巴黎的政府。1871年3月18日，法国巴黎的无产阶级和人民群众举行武装起义，推翻了资产阶级反动统治。3月26日，巴黎人民进行了公社委员的选举，共选出86名公社委员，其中大多数是工人，或是公认的工人阶级的代表。1871年3月28日，公社委员就职，巴黎公社诞生。历史上第一个无产阶级政权庄严地宣告成立。巴黎公社成立后的两个月里施行了许多具有深远影响的重大措施：宣布公社委员会是取代旧政府的唯一政权，新建10个委员会（执行、军事、财政、司法、治安、劳动与交换、粮食、教育、社会服务、对外联络）以取代过去政府的各部；取消征兵制和常备军，宣布以工人为主体的国民自卫军是唯一的武装力量；实行民主选举与群众监督相结合的民主制度；废除高薪，实行兼职不兼薪的制度。公社还颁布了一系列保护劳工的法令。巴黎公社虽然只存在了72天，但它为无产阶级革命运动提供了极其宝贵的经验和教训，丰富和发展了科学社会主义理论。马克思在《法兰西内战》中精辟地分析了巴黎公社的发展过程和历史意义，概括了巴黎公社的历史经验，发展了马克思主义关于无产阶级革命和无产阶级专政的学说，特别是用巴黎公社的新经验进一步论证和丰富了无产阶级革命必须首先打碎资产阶级国家机器的思想。马克思认为，巴黎公社在政治、经济、教育等方面所采取的措施，体现了人民管理的发展方向。巴黎公社"实质上是工人阶级的政府，是生产者阶级同占有者阶级斗争的结果，是终于发现的、可以使劳动在经济上获得解放的政治形式"。马克思恩格斯对于巴黎公社的经验总结，在《宣言》的 1872 年序言中以概括的方式作了重申。

第五，研究了俄国革命与西方无产阶级革命的关系。在 1882 年俄文版序言中，马克思恩格斯在通过对欧美革命和俄国革命客观情形的对比分析之后指出："假如俄国革命将成为西方无产阶级革命的信号而双方互相补充的话，那么现今的俄国土地公共所有制便能成为共产主义发展的起点。"这里，马克思恩格斯发展了以往认为社会主义革命只能在发达国家取得胜利的观点，预示了在一定历史条件下落后国家也可以取得社会主义革命的胜利，并寄希望于东方相对落后的国家。

1881 年，马克思应俄国劳动解放社查苏利奇的请求，在对俄国农村公社的性质、特点及其所处的历史环境分析的基础上，马克思发现俄国的显著特点在于它"是在全国范围内把'农业公社'保存到今天的欧洲唯一的国家"。就当时的情况看，尽管公社生产力水平低下，但它已不是脱离世界而孤立存在的；也不像东印度那样，是外国征服者的猎获物；而是生存在现代的历史环境中，处在文化较高的时代，和资本主义生产所统治的世界市场联系在一起。基于这种分析，马克思在给查苏利奇的复信草稿中才指出："俄国可以不通过资本主义制度的卡夫丁峡谷，而把资本主义制度所创造的一切积极的成果用到公社中来。"[①] 在马克思、恩格斯看来，要使俄国绕过资本主义制度的卡夫丁峡谷，必须具备下列条件：其一，俄国农村公社不被破坏，能在全国范围内继续保存下来，并使集体劳动在农业本身中能够代替小地块劳动。其二，必须有俄国革命，使农村公社不再受专制国家的压迫，并给西方的工人运动以新的推动，为它创造新的更好的斗争条件，从而加速现代工业无产阶级的胜利。其三，必须有西欧资本主义国家无产阶级革命的胜利以及与之俱来的以社会管理的生产代替资本主义生产，这是俄国公社上升到同样的阶段所必需的先决条件。这一思想后来为列宁所发展，并在俄国十月革命和中国革命中得到了验证。

① 《马克思恩格斯选集》第3卷，人民出版社1995年版，第765页。

第三章　阶级斗争理论

《宣言》第一章一开头就指出，自从原始社会解体以来，至今一切社会的历史都是阶级斗争的历史。马克思主义的阶级斗争理论，是贯穿《宣言》始终的基本思想，也是科学社会主义理论的出发点和基本观点。

第一节　马克思阶级斗争理论的渊源

马克思主义的阶级斗争理论是阶级斗争理论发展的最新成果，1852 年，马克思在致约·魏德迈的信中，曾经讲到这个问题。马克思说："无论是发现现代社会中有阶级存在或发现各阶级间的斗争，都不是我的功劳。在我以前很久，资产阶级历史编纂学家就已经叙述过阶级斗争的历史发展，资产阶级的经济学家也已经对各个阶级作过经济上的分析。我所加上的新内容就是证明了下列几点：（1）阶级的存在仅仅同生产发展的一定历史阶段相联系；（2）阶级斗争必然导致无产阶级专政；（3）这个专政不过是达到消灭一切阶级和进入无阶级社会的过渡……"在此，马克思在总结自己的阶级斗争理论的新成就的同时，也肯定了先前的思想家对于这一理论的贡献。

马克思所提到的"资产阶级历史编纂学家"主要是指法国大革命后复辟时期的历史学家如梯叶里、基佐、米涅等人。18世纪下半叶，法国成为欧洲大陆上资本主义工商业最发达的国家，资产阶级力量比较强大，资产阶级和封建贵族的矛盾日益尖锐，资产阶级和农民、城市贫民组成了第三等级，于1789年，爆发了反封建的大革命，终于夺取了政权。法国大革命后，封建复辟与资产阶级反复辟的斗争异常激烈，组成了当时法国社会的基本矛盾。在欧洲其他国家，阶级和阶级斗争，复辟和反复辟的斗争，也明显地表现出来。这时，法国的资产阶级历史学家在总结当时的历史事变的基础上，对阶级和阶级斗争学说的发展作出了重要的贡献。

梯叶里和基佐提出了法国和英国历史上阶级斗争起源于"征服"的理论。梯叶里认为，自从法兰克人征服高卢以来，就形成了由征服者法兰克人及其后裔所组成的"战胜者民族"和由被征服者高卢罗马人所组成的"战败者民族"。此后，两者就形成了社会上的两个互相敌对的集团。"战胜者民族"及其后裔就是社会上享有特权的封建贵族；"战败者民族"及其后裔就是社会上的被压迫的农奴。他还认为，在法国的全部历史中贯穿着"战败民族"反对"战胜民族"的斗争，也就是被压迫的农奴反对享有封建特权的封建贵族的斗争。这一斗争导致了中世纪一次最大规模的农民起义，即扎克雷起义。后来，城市出现以后，城市中的市民与农奴联合起来组成了"第三等级"，共同进行反对封建领主的斗争，这是中世纪最大的社会运动。而18世纪法国大革命，就是这运动的必然发展结果。关于英国的历史，也是这样。基佐也认为，法国历史上的阶级斗争，起源于法兰克人征服高卢人之后形成的"征服者民族"和"被征服者民族"之间的斗争。他说，自从法兰克人征服高卢人后的"十三个世纪以来，法国由两个民族，即战胜者民族和战败者民族构成。在十三个世纪的时期中，被征服者民族展开斗争以求摆脱征服民族的压榨。我们民族的历史，就是这种斗争的历史。"

米涅还提出，中世纪以来的法国历史就是阶级斗争史。法国大革命本身就是一场阶级斗争。这场斗争的结果必然引起社会制度的变革。同时，复辟和反复辟的斗争也必然尖锐地进行。法国革命所经历的时期"就是构成法兰西的几个阶级争夺政权"的年代。他还指出："两个敌对阶级在准备国内战争和国外战争"。这些思想都是非常可贵的。

梯叶里、基佐、米涅等人运用法国革命以来激烈的阶级斗争的经验，运用去观察法国历史和欧洲各国历史，从而认识到历史上所发生的一些事件和他们当时所经历过的阶级斗争实际上是一回事。他们认识到"等级斗争充满了，或者正确点说，构成全部法国政治史。他们已经认识到英国及整个欧洲各国的历史都贯穿着阶级斗争，认识到阶级斗争构成为近代历史的基本事实，并且充满近代历史之中，而且进一步肯定近代欧洲就是从这种不同的社会阶级之间的斗争中诞生出来的。

梯叶里、基佐和米涅等人还探讨了阶级、阶级斗争和经济的关系。基佐说："为了认识政治制度，必须去研究存在于社会中的各个不同的社会阶层，研究他们的相互关系，为了理解这些各个不同的社会阶层，必须去认识土地关系的性质。"他在《英国革命史》《欧洲文明史》《法国文明史》等著作中，还提出了一般财产关系也是阶级划分和阶级斗争的基础的思想。但是，他们不了解阶级产生和存在的真正根源。米涅认为，由于利己之心和收入差异而出现不同的阶级。他说，当时的法国是组织得很坏的：分配不公平，使得法国社会上的弊病更加令人难以忍受。整个民族分成 3 个等级，每个等级又再分成许多阶层，人民备受专制压迫与社会不平等之苦（米涅：《法国革命史》，第 6 页）。这种以分配不同来划分阶级的观点，也是片面的。基佐还指出研究社会册级关系的重要意义。他说，研究社会、社会成分、社会上各种不同的人的社会地位和阶级关系，"这是希望知道人民过去如何生活的历史家及希望知道他们过去如何被统治的政治家所应注意的第一个问题。"

法国复辟时期的资产阶级历史学家则明确指出欧洲近代史就是一部阶级斗争史，这是对阶级和阶级斗争学说的重大发展。但是，他们不是从社会经济关系中去寻找阶级和阶级斗争产生的根源，而是把它们归结为"征服"产生的结果，这是不符合历史逻辑的。

马克思所提到的"资产阶级的经济学家"主要是指英国古典经济学家。英国古典经济学家们生活在英国产业革命前后的 100 多年时间里，当时英国的资本主义生产迅速发展，资本主义本身的矛盾日益暴露，社会的阶级分化也趋于明朗，阶级斗争也逐步展开。这就为英国古典经济学家关于阶级和阶级斗争思想的形成提供了条件。

英国经济学家亚当·斯密指出，资本主义社会主要是由工人阶级、资产阶级和地主阶级构成的。这 3 个阶级的收入，即工资、利润、地租是社会上的基本收入；别的收入，如利息、赋税等派生的收入。他说："一国土地和劳动的全部年产物，或者说，年产物的全部价值，自然分解为土地地租、劳动工资和资本利润三部分。这三部分，构成三个阶级人民的收入，即以地租为生、以工资为生和以利润为生……此三个阶级，构成文明社会的三大主要基本阶级。一切其他阶级的收入，归根到底，都来自这三大阶级的收入。"[①] 亚当·斯密从经济研究中看到了资本主义社会存在三大阶级，看到了这三大阶级的利益是对立的，这对于了解资本主义社会的阶级结构具有一定的意义。但是，他们用收入的源泉不同来解释阶级的划分，这无疑是十分肤浅和错误的。

亚当·斯密还对这三大阶级的经济利益和政治思想作一定的分析。他指出："在这三大阶级中，第一阶级即地主阶级的利益，

----

① 亚当·斯密：《国民财富的性质和原因的研究》上卷，商务印书馆 1972 年版，第 240～241 页。

是和社会一般利益密切相关，不可分离的。……他们在上述三个阶级中，算是一个特殊阶级。他们不用劳动，不用劳心，更用不着任何计划与打算，就自然可以取得收入。这一阶级所处的安乐稳定地位，使他们自然流于懒惰。”“第二个阶级即靠工资过活的阶级的利益，也同样与社会利益密切相关。……劳动者在繁荣社会中不能享受得地主阶级那样大的利益，在衰退的社会中却要蒙受任何阶级所蒙受不到的痛苦。”[1] “劳动者的雇主即靠利润为生的人，构成第三阶级。……这一阶级所建议的任何新商业法规，都应当十分小心地加以考察。……因为他们这般人的利益，从来不是和公众利益完全一致。一般地说，他们的利益，在于欺骗公众，甚至于压迫公众。事实上，公众亦常为他们所欺骗所压迫。”[2] 亚当·斯密的这些分析，揭示了工人阶级和地主资产阶级利益的对立、以及他们在政治思想上的不同，这对于了解这三大阶级状况以及他们之间的阶级矛盾和斗争，具有一定的意义。

另一个英国经济学家大卫·李嘉图也以收入的源泉不同来划分阶级。他在《政治经济学及赋税原理》中说：“劳动、机械和资本在土地上面联合使用，所生产的一切土地生产物分归社会的三个阶级：地主、资本家和劳动者。地主有土地，资本家有耕作土地的资本，劳动者则以劳力耕作土地，而全部生产物就以地租的名义分一部分给地主，以利润的名义分一部分给资

---

[1] 亚当·斯密：《国民财富的性质和原因的研究》上卷，商务印书馆1972年版，第241页。

[2] 亚当·斯密：《国民财富的性质和原因的研究》上卷，商务印书馆1972年版，第241~242页。

本家，以工资的名义分一部分给劳动者。"李嘉图的这一观点和亚当·斯密差不多。

法国经济学家杜尔阁则认为，社会的阶级是不断演变的。最初，社会不存在阶级。随着社会的发展，开始出现生产阶级和薪资阶级。他说："由于事物发展的必然性，整个社会被划分为两个阶级；二者都同样地辛勤劳动着。但是其中之一，通过它的劳动，从土地里生产出，或者更恰当地说，从土地里抽取出财富；这些财富不断地，周而复始地生长出来，为整个社会提供生活资料，为它的一切需要提供原料。另一个阶级则从事于这样生产出来的原料的制作工作，使它们具有适合于人们使用的形式。这一阶级将它的劳动出卖给前一阶级，换取它的生活资料。第一个阶级可以称为生产阶级，第二个阶级可以称为薪资阶级。"随着社会的向前发展，便出现了3个阶级。他说："这时社会便被划分为三个阶级：农人阶级，我们可以保留生产者阶级这个名称；工匠和其他从土地产品上取得薪资者阶级；以及土地所有者阶级，也就是唯一的这样的一个阶级，它不必为生活的需要而被束缚于某种劳动上，从而可以从事于战争和司法行政这一类一般性的社会所需的工作，这类工作可以由这个阶级的成员亲自担任，也可以由他们拿出他们收入的一部分交由国家或社会雇佣一些人来执行。因此，可以自由支配的阶级这一名称是最适合于这个阶级的一个名称。"① 最后，到了资本主义社会，社会可以分为5个阶级：土

---

① 杜尔阁：《关于财富的形成和分配的考察》，华夏出版社2007年版，第22、26页。

地所有者阶级、农业企业家阶级、农业劳动者阶级、工业企业家阶级、工业劳动者阶级。杜尔阁看到了阶级是随着社会的变化而变化，这是正确的；但是他仍然是以社会分工作为划分阶级的根据，也是片面的。

由此可见，英国古典经济学家们都承认社会是划分为阶级的并从经济上寻找阶级的根源和阶级划分的基础。这比前人前进了一步。但是他们用收入的来源不同或分工不同来解释阶级的产生和形成，这是不科学的。

其实，作为马克思主义思想直接来源之一的空想社会主义，也在阶级斗争问题上有着自己的贡献。

18 世纪下半叶，欧洲发生了两个重大的历史事件：一个是英国的工业革命，一个是法国的资产阶级革命。英国工业革命的结果，使社会财富大大地增加了，但是工人和劳动人民却更加困苦，无产阶级和资产阶级的矛盾加剧了。法国大革命胜利后，一方面，反对封建复辟的任务十分艰巨；另一方面，无产阶级和资产阶级的矛盾也逐步突出。19 世纪上半叶，法国和英国的空想社会主义者看到了资本主义制度的阶级矛盾，在他们提出的空想社会主义的理论中，也阐述了阶级和阶级斗争的思想。

法国空想社会主义者圣西门，最初把当时社会划分为 3 个阶级，即学者阶级、私有者阶级和第三阶级。他说："我把人类分成三个阶级。第一个阶级，是我和您有幸所在的那个由学者、艺术家和一切有自由思想的人所构成的阶级，它高举着人类理性进步的旗帜前进。第二个阶级的旗子上写着：不进行任何改革！凡是不属于第一个阶级的有财产的人，都属于这个阶级。第三个阶级是在平等的口号下联合起来的人们，它包括人类的其余一切成员。"① 后来，他又把社会划分为另外 3 个阶级，即寄生者阶级（包括少数贵族、军人、食利者、国家官吏和"法学家"）、实业家阶级（包括工厂主、银行家、商人、工人和农民）和学者阶级（包括科学家、艺术家、道德家等）。所以恩格斯说："在圣西门的头脑中，第三等级和特权等级之间的对立就采取了劳动者和游手好闲者之间的对立的形式。"② 圣西门还认为："有财产的人所以能够支配没有财产的，并不是因为他们拥有财产，而他们所以拥有财产和能够支配没有财产的人，是因为作为一个阶级来说，他们那方面在文化上占有优越地位"③。他把文化程度的高低说成是阶级统治的根据，这是唯心的，不懂得经济对文化的决定作用，也不了解阶级统治的经济根源。圣西门还认识到欧洲的历史是长期阶级斗争的历史，这种斗争有时会达到极尖锐的程度。他了解到法国革命"不仅是贵族和市民等级之间的、而且是贵族、市民等级和无财产者之间的阶级斗争"。这个思想比巴贝夫前进了一步。所以恩格斯说："这在 1802 年是极为天才的发现"④。法国空想社会主义者博立叶认为，文明制度下有两个阶级：一个叫作"工厂主阶级"，另一个

---

① 《圣西门选集》第 1 卷，第 10 页。
② 《马克思恩格斯选集》第 3 卷，第 409 页。
③ 转引自《空想社会主义者》，第 221 页。
④ 《马克思恩格斯选集》第 3 卷，第 410 页。

叫作"一无所有者阶级"或"贫苦阶级"。工厂主阶级"差不多只做些领导工作和监督工作",他们并不从事生产。一无所有者阶级则是"肩负全部劳动重负的阶级"。他指出,在文明制度里,贫富两极分化严重。社会财富是"按照0、2、8、32、128这样几何级数增长着",但它却被富翁们所占有,"贫苦阶级永远停留在零这个数字上"。所谓文明制度,就是"富者对贫者的战争",它的原则就是:"为了要有富翁,就需要有贫民"。在这里,傅立叶已经揭示了资本主义制度下资产阶级和无产阶级的阶级对立。这对了解资本主义社会是很有意义的。

英国空想社会主义者欧文认为,私有制是造成贫富分化的原因,也是一切阶级斗争的根源。他说:"私有财产是贫困的唯一根源,由于贫困而在全世界引起各种无法计算的罪行和灾难。"私有财产"是各国的一切阶级之间的纷争的永久根源"。"人们为了个人的发财致富进行疯狂的斗争,使劳动者阶级饱尝压迫和无法忍受的痛苦"这种观点是可贵的。但是,他又认为,"阶级和社会地位的差别是人为地造成的;这种差别是人们在蒙昧无知、没有经验和缺乏理性的时期构思出来和确定下来的。"这种把阶级差别看作是人们主观构思和确定下来的观点,显然是唯心的。在圣西门、傅立叶、欧文的空想社会主义学说中,还包含着消灭阶级对立的思想。他们主张消灭城乡对立,消灭雇佣劳动,消灭家庭等等,实际上是表明要消灭阶级对立。所以马克思恩格斯指出:"它们关于未来社会的积极的主张,例如消灭城市和乡村的对立,消灭家庭,消灭私人经营,消灭雇佣劳动，提倡社会和谐，把国家变成纯粹的生产管理机构，所有这些主张都只是表明要消灭阶级对立"。由此可见，空想社会主义者关于社会划分为阶级的思想还是比较明确的，而且他们都看到了私有制是阶级产生的根源，看到了无产阶级和封建贵族、市民等级之间的阶级斗争，还探讨了消灭阶级对立的途径。但是，他们对阶级的根源和划分的依据，还存在着混乱的观点，还不能制定出无产阶级的科学世界观，找不到无产阶级解放的正确途径。这是由于当时资本主义生产方式以及无产阶级和资产阶级的对立还不够发展，无产阶级还不成熟所造成的。

德国哲学家黑格尔从历史哲学的角度以唯心的方式表达了阶级斗争的必然性和革命在社会历史发展中的积极作用。他认为统治者的经济剥削和政治压迫，使人民再也不能正常地生活，就必然要导致阶级斗争尖锐化。他在分析18世纪法国大革命爆发的原因时指出："压在人民肩头上可怕的沉重的负担，以及政府罗掘俱空、无法筹款来供应朝廷挥霍的情形，实在是造成这种不满的第一个动机。……政治压迫逼着人去从事研究探索。"也就是说，这场革命乃是由政治压迫和经济剥削引起的。他肯定了法国大革命使法国社会发生了质变。他说："我们这个时代是一个新时期降生和过渡的时代。人的精神已经跟他旧日的生活与观念世界决裂，正使旧日的一切葬入于过去而着手进行他的自我改造。事实上，精神从来没有停止不动，它永远是在前进运动着。但是，犹如在母亲长期怀胎之后，第一次呼吸才把过去仅仅是逐渐增长的那种渐变性打断——一个质的飞跃——从而生出一个小孩来那样，成长着的精神也是慢慢地静悄悄地向着它新的形态发展，一块一块地拆除了它旧有的世界结构。只有通过个别的征象才预示着旧世界行将倒塌。现存世界里充满了的那种粗率和无聊，以及对某种未知的东西的那种模模糊糊若有所感，都在预示着有什么别的东西正在到来。可是这种逐渐的、并未改变整个面貌的颓毁败坏，突然为日出所中断，升起的太阳就如闪电般一下子建立了新世界的形象。"黑格尔把历史的发展看作是精神发现的体现，这是唯心的。但他在唯心的语言中，肯定了法国大革命使法国社会发生了"质的飞跃"，建立了新世界的形象，表明了革命斗争对历史发展的决定作用。这是很可贵的。

黑格尔还揭示了资本主义社会的阶级矛盾和阶级斗争。他认为，在资本主义社会里，社会分工和社会生产力的高度发展，将不可避免地导致广大群众的贫困化和尖锐的贫富对立。他说："工厂、工场的存在，正是以一个阶级的贫困为基础的""人数众多的阶级赖以维持生活的一些工业部门，由于时势的改变或由于其他国家的发明而造成的跌价等等，而突然关门大吉，于是许多人就陷于贫困而无法自拔。出现了巨大的财富和巨大的贫困的对立，而这种贫困是毫无办法可想的。财富像任何质量一样成为一种力量。……富者愈富，……这种贫富的不平等，这种贫苦和需要，变成了意志的极度分裂、内心的愤慨和仇恨。"这里，他已预感到资本主义的发展孕育着贫富两极分化、严重的阶级对立和斗争。

马克思与恩格斯在《宣言》中所表达的阶级斗争理论，既是对现实的无产阶级与资产阶级斗争的理论总结，同时又是对先前的阶级斗争理论的批判继承。

第二节 阶级斗争发展的历史

对人类历史进程中的阶级斗争的分析，是马克思最广为人知的理论。在《共产党宣言》中，马克思首次全面系统地阐述了这一理论。他认为，人类几千年的发展史中，最大的矛盾就在于不同阶级间的利益争夺和斗争。

阶级和阶级斗争的历史由来已久，它自奴隶社会就已产生，《宣言》第一章指出"自由民和奴隶、贵族和平民、领主和农奴、行会师傅和帮工，一句话，压迫者和被压迫者，始终处于相互对立的地位，进行不断地、有时隐蔽有时公开的斗争，而每一次斗争的结局都是整个社会受到革命改造或者斗争的各阶级同归于尽。"尽管各个历史时期，阶级和阶级斗争的具体形式不断变化，如自由民和奴隶、行会师傅和帮工，但其本质始终没变，即压迫者和被压迫者，始终处于相互对立的地位，进行不断地、有时隐蔽有时公开的斗争。唯物史观认为，经济基础决定上层建筑，社会历史的发展遵循着"生产关系必须适应生产力的发展要求"的规律，它构成了阶级和阶级斗争的哲学依据。当一种新的生产关系取代旧生产关系后，在一段时期内，由于它适应生产力的发展要求，因而对生产力的发展起促进作用，它能把旧生产关系束缚的生产力解放出来。但随着生产力的进一步发展，生产关系就会由原来的适应而变为不适应，甚至逐渐成为生产发展的桎梏。这时社会矛盾就会激化，最终导致社会革命。于是社会需要打破旧的生产关系，重新建立新的生产关系，开始新一轮矛盾运动。随着时代的演变，处于生产关系不同地位的阶级必然以阶级斗争的方式完成向新的生产关系的转变，适应新的生产力的要求。但是阶级和阶级斗争不能超越历史范畴而存在，在马克思看来，当人类推翻资本主义社会并建立起了共产主义社会时，产生阶级和阶级斗争的条件将不复存在。

奴隶社会向封建社会的转变以及封建社会向资本主义社会的转变过程，阶级斗争是历史发展的直接动力。以资本主义的产生和发展为例：新航路的开辟，为资产阶级分子开辟了新天地。东印度和中国的市场、美洲的殖民化、对殖民地的贸易、交换手段和一般商品的增加，使商业、航海业和工业空前高涨；与此相比，以前那种封建的或行会的工业经营方式已经不能满足随着新市场的出现而增加的需求了，工场手工业代替了这种经营方式，行会师傅手工业的中间等级排挤掉了，各种行业组织之间的分工随着各个作坊内部的分工的出现而消失了。但是市场总是在扩大，需求总是在增加，甚至工场手工业也不再满足需要了，于是由蒸汽和机器引起的大工业生产代替了工场手工业，现代资产者代替了工业中间等级。

大工业的生产方式越来越占主导地位，它打破了小农分散的经营方式，使人口日益密集起来，生产资料日益集中起来，而财富日益聚集在少数人手里。资产者源源不断地积累着资本，他把中世纪遗留下来的一切阶级排挤到后面去了。而经济实力的每一次增强，都伴随着相应的政治上的进展，从大工业和世界市场建立的时候起，资产阶级在现代的代议制国家里夺得了独占的政治统治，资产阶级在本国的较量中取得了胜利。

随着生产工具的迅速改进以及交通的日益便利，世界日益形成一个统一的大市场，原料、资本和劳务在世界范围内自由流动。而资本主义的"商品的低廉价格，是它用来摧毁一切万里长城、征服野蛮人最顽固的九外心理的重炮。它迫使一切民族——如果它们不想灭亡的话——采用资本主义的生产方式；它迫使它们在自己那里推行所谓的文明，即变成资产者"。由此，资产阶级把一切民族甚至最野蛮的民族都卷到文明中来了，它使农民的民族从属于资本主义的民族，使农村屈从于城市。世界殖民体系的建立，确定了资本主义的统治地位，从而资本主义的世界最终战胜了封建的世界。矛盾双方总是相互贯通的，它们相互渗透、相互包含，并且在一定条件下可以相互转化，在历史领域中，压迫者和被压迫者，始终处于相互对立的地位，进行不断的、有时隐蔽有时公开的斗争，从而使整个社会要么受到革命的改造，要么斗争的各个阶级同归于尽。

资本主义曾创造出巨大的社会生产力，"它创造了完全不同于埃及金字塔、罗马水道和哥特式教堂的奇迹；它完成了完全不同于民族大迁徙和十字军征讨的远征"。但是随着历史的推进，"资产阶级的生产关系和交换关系，资产阶级的所有制关系，这个曾经仿佛用法术创造了如此庞大的生产资料和交换手段的现代资产阶级社会，现在像一个魔法师一样不能再支配自己用法术呼唤出来的魔鬼了"。商业危机周期性地重复，并且越来越危及整个资产阶级社会的生存。在危机期间，总有很大一部分制成的产品被毁灭掉，而且有很大一部分已经造成的生产力被毁灭掉。然而它一着手克服它，却使整个资产阶级社会陷入混乱，甚至威胁资产阶级所有制本身的存在。

无产阶级是同资产阶级同时产生的阶级，但是大机器生产的推广和越来越细致的分工，使工人变成了机器的单纯的附属品，工资水平与生活状况每况愈下，加之商业危机使工人的工资越来越不稳定，整个生活地位越来越没有保障，工人与资产者的冲突越来越具有两个阶级的性质。马克思基于社会严重不公正的现实及广大公认的艰辛处境，希望发现社会历史的运动规律从而找出一种更合理的社会秩序。他多次参与工人运动的实践由此提出自己的理论。他认为无产者只有形成了阶级，产生自己的政党，采取暴力革命的形式推翻资产阶级统治、建立无产阶级政权，才能获得解放，只有消灭生产资料的私人占有形式，才能实现全人类的真正的自由和解放。

阶级和阶级斗争不是永恒存在和发挥作用的，随着共产主义社会的建立和资本主义社会的灭亡，阶级和阶级斗争将被逐渐消灭。马克思解释说，"当阶级差别在发展进程中已经消失而全部生产集中在联合起来的个人的手里的时候，公共权力就失去政治性质。原来意义上的政治权力，是一个阶级用以压迫另一个阶级的有组织的暴力。如果说无产阶级在反对资产阶级的斗争中一定要联合为阶级，如果说它通过革命使自己成为统治阶级并以统治阶级的资格用暴力消灭旧的生产关系，那么它在消灭这种生产关系的同时，也就消灭了阶级对立的存在条件，消灭了阶级本身的存在条件，从而消灭了它自己这个阶级的统治"。

尽管《宣言》中对于阶级斗争的分析集中在阶级斗争的历史过程，从中我们还是可以发现马克思和恩格斯对于阶级斗争本质的考察。

第一，阶级斗争的的基本含义。在阶级社会里，不同的阶级为了维护本阶级的利益，势必产生阶级之间的对立和斗争。阶级斗争就是根本利益对立的阶级之间相互冲突的表现，是解决对立阶级之间矛盾的基本手段。在阶级社会中，始终存在着阶级、阶级矛盾和阶级斗争，这是矛盾的普遍性。所以马克思主义认为：生产力与生产关系的矛盾运动是社会形态更替的根本原因，在阶级社会里，这种矛盾运动表现为阶级斗争，不同利益的集团通过符合历史发展规律的斗争形式为社会发展开辟道路，阶级斗争就成为了阶级社会发展的动力。

第二，阶级的存在及阶级斗争具有历史性，它与生产的发展相关联。阶级斗争根源于不同阶级的经济地位和物质利益的对立。剥削阶级和被剥削阶级在社会生产体系中处于对立的地位。前者占有生产资料，在生产中居于支配地位，无偿地占有被剥削阶级的剩余劳动；后者占有很少或者完全不占有生产资料，在生产中处于被支配的地位，承受着生产的最沉重负担。只有为剥削阶级付出大量的无偿劳动之后才能获得最低限度的生活资料。由此形成了两者在物质利益上的对立。剥削阶级在政治上处于统治地位，凭借国家政权的力量压迫被剥削阶级，维护自己的经济地位和物质利益，而被剥削阶级只有反抗剥削阶级的压迫，才有可能改善自己的劳动条件，或多或少地夺回自己所创造的一部分劳动果实。所以，剥削阶级和被剥削阶级之间的阶级斗争是客观的、必然的现象。不同的剥削阶级之间，由于在前后交替的社会生产体系中所处的地位不同和物质利益的对立，它们之间也不可避免地会发生阶级斗争。奴隶社会中的奴隶主和奴隶、封建社会中的地主和农民、资本主义社会中的资产者和无产者之间，以及奴隶社会解体过程中地主和奴隶主、封建社会解体过程中资产阶级和封建贵族及僧侣之间都存在着阶级斗争。各个阶级社会中的非基本阶级，如自由民、小商品生产者、小资产阶级也不能超越于阶级斗争之外。他们在自身利益的推动下，不可避免地都要投入到阶级斗争的一定营垒之中。阶级斗争贯串于阶级社会发展的各个历史阶段，表现于阶级社会生活的各个领域。在特定的历史阶段上，各阶级之间、各派政治力量之间的斗争有着极为复杂多样的表现。

第三，阶级和阶级斗争是历史发展的直接动力。社会发展的深刻原因在于社会的基本矛盾，即生产力和生产关系的矛盾以及受这一矛盾制约的经济基础与上层建筑的矛盾。在阶级社会中，社会基本矛盾必然表现为阶级矛盾，表现为剥削阶级和被剥削阶级、统治阶级和被统治阶级之间的阶级斗争。被剥削、被统治阶级只有通过阶级斗争，推翻剥削阶级的政治统治，夺取政权，才能运用政权的力量变革生产关系，为生产力的发展开辟道路。有时被剥削、被统治阶级所进行的斗争虽然没有根本推翻剥削阶级的统治，但由于他们在斗争中所显示的力量，迫使剥削阶级不得不进行某种改革，作出某种让步，也在不同程度上为生产力的进一步发展创造了条件，导致社会的进步。历史上进步阶级战胜反动阶级的过程实际上是新的生产关系和上层建筑逐步取代旧的生产关系和上层建筑的过程，是旧社会向新社会形态过渡的过程。在这一斗争过程中，不同的阶级处于不同的历史地位，具有不同甚至完全相反的历史作用。没落的、反动的阶级所进行的种种活动阻挡着历史的前进；只有新生的、进步的阶级所从事的阶级斗争才真正推动着历史的发展。阶级斗争作为阶级社会发展的直接动力和社会变革的杠杆，只是为生产力发展扫清了障碍，创造了更好的社会条件，生产的实际发展还必须通过生产活动本身来实现。

第四，阶级斗争不是永恒存在的历史现象，随着共产主义社会的建立和资本主义社会的灭亡，阶级和阶级斗争将逐渐消失。

第三节　无产阶级和资产阶级之间的阶级斗争

无产阶级和资产阶级的斗争是《宣言》中的阶级斗争理论的主要内容。《宣言》主要从无产阶级和资产阶级及其之间斗争的产生、斗争的发展过程和最终结果等方面展开的。

《宣言》指出：从封建社会的灭亡中产生出来的现代资产阶级社会并没有消灭阶级对立。它只是用新的阶级、新的压迫条件、新的斗争形式代替了旧的。从中世纪的农奴中产生了初期城市的城关市民；从这个市民等级中发展出最初的资产阶级分子。"我们的时代，资产阶级时代，却有一个特点：它使阶级对立简单化了。整个社会日益分裂为两大敌对的阵营，分裂为两大相互直接对立的阶级：资产阶级和无产阶级。"这表明，在资本主义社会对立的阶级是资产阶级和无产阶级；而产生阶级对立的根源则是由生产资料的归属而产生的阶级利益的根本对立。这样就必然产生阶级矛盾。

《宣言》指出："现代资产阶级本身是一个长期发展过程的产物，是生产方式和交换方式的一系列变革的产物。"这说明资产阶级也是经济发展的产物。首先，美洲的发现，新航路的开辟给资产阶级开辟了新的活动场所；其次，工场手工业代替了封建的行会的经营方式，市场在扩大，需求在增加，现代化大工业又代替了工场手工业，现代资产阶级取代了工业的中间阶级；再次，世界市场的开辟，促进了商业、航海业和陆路交通的迅速发展，同时资产阶级也得到了空前的发展，把中世纪遗留下来的一切阶级都排挤到后面去。由此可见，现代资产阶级本身是一个长期发展过程的产物，是生产方式和交换方式的一系列变革的产物。

资产阶级的发展经历的每一个阶段，又都有相应的政治要求，宣言指出："它在封建主统治下是被压迫的等级，在公社里是武装的和自治的团体，在一些地方组成独立的城市共和国，在另一些地方组成君主国中的纳税的第三等级；后来，在工场手工业时期，它是等级君主国或专制君主国中同贵族抗衡的势力，而且是大君主国的主要基础；最后，从大工业和世界市场建立的时候起，它在现代的代议制国家里夺得了独占的政治统治。现代的国家政权不过是管理整个资产阶级的共同事务的委员会罢了。"这里可以看出，资产阶级的地位随着经济的发展发生了深刻的变化，有最初的被压迫的阶级逐渐上升为在国家中占统治地位的阶级，而且它建立维护自己统治阶级地位的工具——资本主义国家。从此开始了资产阶级剥削和压迫工人的时代，由此也产生了新的阶级对立即无产阶级和资产阶级的对立，在资本主义社会阶级对立依然存在。

无产阶级是大工业本身的产物。无产阶级和资产阶级是同时产生的，并且由于资本主义的发展，中间等级的下层纷纷破产而加入到无产阶级的队伍当中去，使得无产阶级也发展起来。

在资产阶级统治的社会里，无产阶级作为劳动者经济地位低下。进入机器大生产时代后，手的操作所要求的技巧和气力越少，资产阶级雇佣的更多的是妇女和儿童，这也使得无产阶级失业的危险大大增加。无产阶级更是成为了资产阶级和资产阶级国家的奴隶。在生产方面，工人被当作出卖劳动力的商品，是大工业的产物，是劳动的工具。只有当工人找到了工作的时候才能够生存，所以无产者不得不出卖自己的劳动力，任由资本家剥削他们的剩余价值。随着生产力的提高、生产方式的发展，"工人变成了机器的单纯的附属品"，只要求工人极其简单、容易、单调的操作，因而工人的劳动所得仅仅能够维持工人生活及其后代的一点点生治资料。

资产阶级和无产阶级的经济政治地位的严重不平等以及压迫和被压迫的对立是二者斗争的主要原因。无产阶级的生活就像《共产党宣言》中所说："他们并不是随着工业的进步而上升，而是越来越降到本阶级的生存条件以下。工人变成赤贫者，贫困比人口和财富增长得还要快。"劳动者被当作会劳动的商品，地位低下。资本家为了追求利润最大化，通过延迟工时、增加强度、降低工资、廉价雇佣女工童工等等残酷的手段压榨劳动者的剩余价值，这都引起了劳动者的广泛不满。无产阶级反对资产阶级的斗争规模越来越大，导致了多次的工人的起义运动。其中 3 次代表的工人运动：1831 年和 1834 年的法国里昂工人起义，1838 年的英国宪章运动和 1844 年的德国西里西亚纺织工人起义。

　　无产阶级的发展经历了不同的阶段，但是有一点是确定的，那就是从他们产生的那一天他们就开始了反对资产阶级的斗争。而工人阶级的斗争也呈现出逐渐扩大的趋势，先是个别的工人斗争，然后是某一工厂的工人斗争，后来是某一地方的某一部门的工人斗争，他们同直接剥削他们的个别资产者作斗争。工人阶级的斗争内容还很是单纯，他们摧毁那些来竞争的外国商品、捣毁机器、烧毁厂房，力图改变自己的境况。但是他们没有意识到，致使他们境况低下的并不是这些机器厂房，而是资本主义制度本身。在这一阶段的斗争中，工人阶级本身还没有团结起来，而是当时的资产阶级为了推翻专制君主制的残余、地主、非工业资产者和小资产者，才把工人阶级发动起来而进行斗争，这一阶段斗争的胜利果实是属于资产阶级的。

　　随着工业的发展，无产阶级的数量上升了，他们联合起来，结成了团体，也感觉到了自己力量的强大。而与此同时，宣言指出"机器使劳动的差别越来越小，使工资几乎到处都降到同样低的水平，因而无产阶级内部的利益、生活状况也越来越趋于一致。资产者彼此间日益加剧的竞争以及由此引起的商业危机，使工人的工资越来越不稳定；机器的日益迅速的和继续不断的改良，使工人的整个生活地位越来越没有保障；单个工人和单个资产者之间的冲突越来越具有两个阶级的冲突的性质。工人开始成立反对资产者的同盟；他们联合起来保卫自己的工资。他们甚至建立了经常性的团体，以便为可能发生的反抗准备食品。有些地方，斗争爆发为起义。"这一阶段的工人斗争就变得比较成熟了，他们已经从捣毁机器的单纯斗争变成保卫自己的工资甚至爆发起义，而工人阶级本身也已经联合起来来，不再是分散的斗争。即便是这样，但是工人阶级只是取得了部分胜利，而这种胜利也是暂时的。其实，工人阶级取得的最大胜利并不是生活状况得到了多大的改观，而是他们自身越来越扩大的团结，这种团结就会把工人阶级的斗争变成阶级斗争，进而是政治斗争，从而使工人阶级组建自己的政党。

《宣言》对比以往的阶级斗争和统治阶级的统治方法指出了无产阶级斗争的前途，"无产者只有废除自己的现存的占有方式，从而废除全部现存的占有方式，才能取得社会生产力。无产者没有什么自己的东西必须加以保护，他们必须摧毁至今保护和保障私有财产的一切。"以往的任何斗争都是为少数人（以往的统治阶级比如奴隶主、地主、资产阶级等）谋利益的斗争，而无产阶级的斗争则是为绝大多数人谋利益的独立运动。资产阶级是不会自动或是轻易退出历史舞台的，只有经过日渐发展壮大的无产阶级的斗争，才能推翻资产阶级统治，才能消灭资本主义。其实，资产阶级本身的特性导致其最终灭亡的必然。如《共产党宣言》所述，"资产阶级生存和统治的根本条件，是财富在私人手里的积累，是资本的形成和增殖；资本的条件是雇佣劳动。雇佣劳动完全是建立在工人的自相竞争之上的。资产阶级无意中造成而又无力抵抗的工业进步，使工人通过结社而达到的革命联合代替了他们由于竞争而造成的分散状态。于是，随着大工业的发展，资产阶级赖以生产和占有产品的基础本身也就从它的脚下被挖掉了。"而且，给予无产阶级这种的力量在资本主义社会早已存在了。"资产阶级不仅锻造了置自身于死地的武器，它还产生了将要运用这种武器的人——现代的工人，即无产者。"所以，在阶级斗争中，无产阶级最终战胜资产阶级，是历史发展的必然。

第四章　对资本主义的分析批判

批判资本主义，为启发无产阶级、为无产阶级革命提供理论依据是科学社会主义理论的重要使命。马克思和恩格斯对于资本主义的批判没有停留在道义批判的层次，而是深入到资本主义的内部，从资本主义的产生、发展中发现其内在的基本矛盾，利用这一矛盾来说明资本主义的自我发展和自我否定，从而使资本主义批判成为科学的批判。当然，在《宣言》中，这一批判没有最后完成，但是，马克思和恩格斯构建了原则的层次的批判体系。

第一节　资本主义的产生与发展

《宣言》指出："现代资产阶级本身是一个长期发展过程的产物，是生产方式和交换方式的一系列变革的产物。"

《宣言》的这个结论是经过对资产阶级进行历史考察，从事实的分析中得出来的。资产阶级的产生、发展是分阶段的。最早，中世纪初期，农村中少部分农奴离开农村来到城市，他们主要从事商业活动，逐渐成了城关市民。最初的资产阶级分子就是从这种城关市民中发展来的。后来，美洲的发现和新航路的成功开辟，给新兴的资产阶级开辟了新天地，这是资产阶级发展的第一个阶段。第二个阶段，由于工场手工业的发展，市场需求的增加，发展出了一个从事商业和开办工场的中等阶级。当工场手工业代替了封建的或行会的工业经营方式，行会师傅也就被新出现的资产阶级排挤掉了。第三个阶段，由于市场的进一步扩大和工业革命，现代大工业代替了工场手工业，从此，资产阶级就成了现代资本主义社会中的一个主要阶级。由此可见，现代资产阶级是从封建社会内部产生出来的，它赖以形成的生产资料和交换手段是在封建社会里造成的，它本身是一个长期发展过程的产物。

资产阶级这种发展的每一个阶段都伴随着政治上的进展。这种进展在欧洲的不同国家有不同的情况，《宣言》扼要地叙述了欧洲几个主要国家资产阶级在政治上的进展。总的来说，资产阶级由一个被压迫的等级逐渐上升为在国家中独占统治地位的阶级，它建立起了属于它自己的社会制度——资本主义社会。但资产阶级社会并没有、也不可能消灭阶级对立，它只是用新的阶级、新的压迫条件、新的斗争形式，为自己开创了一个时代——资本主义的历史时代。

特别值得注意的是，马克思、恩格斯揭示了资产阶级国家政权的性质，指出："现代的国家政权不过是管理整个资产阶级的共同事物的委员会罢了。"这个思想既表明了资产阶级国家与封建专制主义君主个人独裁的国家的不同，又表明了资产阶级国家政权是为资产阶级服务的工具，绝不是代表全体公民的国家。现代西方传媒把资产阶级国家政权粉饰成代表全体公民的政权，如果不是有意掩盖真相，也是一种肤浅的、表面的认识，绝不可轻信。政治意义上的国家从来就是统治阶级的国家。

　　一个时代的确立实际上就是一种新的价值观的确立。资产阶级破坏了一切封建的、宗法的关系，把人们从形形色色的封建羁绊中解放出来，这在实质上是一种价值观的转变，就是资产阶级用一种新的价值观取代了旧的封建主义的价值观，开辟了资产阶级价值观的时代。封建社会是一种专制主义的等级制和特权制的社会，它的价值观以等级和特权为特征；而资产阶级的价值观以金钱和个人利害为特征，一切以金钱和个人的利害关系为转移，金钱和个人利害是衡量一切的唯一标难。由于资产阶级价值观的确立，一切都起了变化，甚至被颠倒过来了。什么贵族的尊严、门第的等级、宗教的虔诚、庸人的温情……一概被利己主义的浪潮淹没了，人与人的一切关系都成了赤裸裸的利害关系。资产阶级把人的尊严变成了交换价值，把医生、律师、教师、诗人和学者等变成了它出钱招雇的雇佣劳动者，只要我出钱，或者说只要为了钱，什么医生、律师、教师、诗人和学者等这些以往令人敬畏的职业的神圣光环，统统烟消云散，不论从事何等职业的人，一律都将拜倒在金钱的脚下。资产阶级撕去了罩在一切职业上的高尚的外衣，资产阶级也撕去了遮盖在家庭关系上的温情脉脉的面纱，把家庭关系变成了纯粹的金钱关系，亲情、爱情都要以金钱为基础。

价值观是人生观的核心，直接影响人存在的意义和生活目的。资产阶级的价值观鲜明地、直截了当地把追求金钱和自我享乐作为人生的唯一目的，舍此而外，人活着便毫无意义。这种价值观对人们的影响是深刻的，对人的存在是一种巨大的震撼。如果说以往的统治阶级用仁义道德把人生的意义、对被统治者的剥削和压迫掩盖起来了，资产阶级价值观则通过自由贸易理直气壮地把公开的、无耻的、直接的、露骨的剥削和欺诈推向了世界。一切为了金钱、为了自我，不仅不是卑鄙的、可耻的，反而是高尚的、合理的。资本主义制度的全部文明都是在这种价值的支配下创建起来的。同时，这种价值观造成的后果必然是人的真正价值的沦丧。现今资本主义社会中所出现的颓废、道德沉沦、抑郁、失落、空虚、绝望、缺乏信仰和信赖等，所有这一切，就是人的真正价值沦丧的尖锐表现。现代西方的一些有识之士早就察觉到了这个问题的严重性，也正因为此，现代西方关心人自身存在的哲学如雨后春笋般出现了，他们相信人可以通过自身的理性努力而使这种状况有所改观。

资本主义制度之所以直到现在仍然有生命力，与这种价值观仍然有巨大的市场是分不开的。从根本上把人说成是"自私的动物"，这是不正确的；但说在资本主义时代人还没有走出"自私的动物"的境界，这是有道理的。社会主义同资本主义的斗争，说到底是两种不同价值观的斗争，社会主义主张集体主义，主张把人民即大多数人的利益置于首位，这种价值观符合历史发展的客观规律。社会主义价值观一旦取代资产阶级的价值观，人类就将开辟一个社会主义的新时代。

资产阶级开创了一个不安定的时代。"资产阶级除非对生产工具，从而对生产关系，从而对全部社会关系不断地进行革命，否则就不能生存下去"。由于金钱和利润的驱动，资产阶级本能地要采用最先进的生产力，生产力的不断发展必然导致生产关系的变革，这种变革并不是资本主义生产关系的根本改变，而是在资本家所有制范围内的变化。但正是这种变化，引起了一切社会关系的变化、动荡，使整个社会处于永远的不安定和变动之中。封建社会末期，封建贵族和地主阶级是保守的、封闭的，没有任何活力和进取精神。同他们相比，资产阶级则是一个充满活力和具有历史首创精神的阶级。为了利润，资产阶级注定要消除那种固定的、僵化的关系以及与之相适应的历来被尊崇的观念和见解，一切新形成的关系等不到固定下来就陈旧了，这就是资产阶级时代不同于过去一切时代的地方。这既是资本主义生存的基础，又是它不可能永恒化的内在根源，即这种动荡必将导致资本主义自身的毁灭。

处于不停的动荡、变化、永不安定的社会中的人们，不得不用冷静眼光来看待他们的生活地位和相互关系，他们认识到以往那种稳定不变的生活不存在了，人们处于焦虑不安之中。人们生无宁日，人们自己把握不了自己，人自己的活动把自己变成了一种不得安宁的存在物。当然，从辩证的观点来看，这种不得安宁并非绝对的恶，它是构成人自身不断进化的内在动力；但也的确存在恶的一面，即资本主义制度从根本上讲是不合乎人性的，它引发各种动荡的内在根源是少数人为了发财致富，而不是为了人自身的发展和完善。

第二节 资本主义与世界历史

大工业把世界各国人民互相联系起来，把所有地方的小市场联合成为一个世界大市场。资产阶级奔走于全球各地，使一切国家的生产和消费都成了全球性的，过去那种地方和民族的自给自足和闭关自守状态，被各民族的、各方面的互相往来和各方面的互相依赖所代替了。它把一切野蛮民族都卷到了文明中（当然，这个过程是以野蛮民族的惨痛牺牲为代价的），使物质生产和精神生产都成了世界性的，历史正在从民族的、国家的历史向世界历史转变，这是不可阻挡的。现今人们热切关注的全球化不正是上述过程的继续和深化吗？

这一历史趋势首先是由资产阶级开创的。农村的愚昧、世界上未开化和半开化的国家和地区，都将被资产阶级的发展所改变。"使农民的民族从属于资产阶级的民族，使东方从属于西方"。《宣言》这里所说是对当时资本主义向世界发展趋势的正确描述，后来世界发展的实际也提供了部分例证。但不是说那个时代民族的、国家的历史已经转变成为世界历史了。事实同样证明，资产阶级向世界的发展并非是绝对的。现在看来，资产阶级在一定意义上可以说实现了两个"从属"，表现在它今天在世界范围内确立了统治地位。但我们也可以说，资产阶级并未完全实现上述的两个"从属"，它必然会遭到落后地区的国家和民族的反抗和抵制。更不能说这种发展一定会使未开化和半开化的国家和地区都无例外地发展起来。因为资产阶级向外扩展是为了实现它自己的利益，并非是为了帮助这些国家和地区真正发展起来。它使农村服从城市的统治，使农民的民族从属于资产阶级的民族，使东方从属于西方，并非为了使农民的民族和落后的东方真正发展起来，而是完全为了它自己的目的——争得更大的利润。

这一历史趋势也就是欧洲殖民统治形成和发展的历史。对此如何评价，在我国学界是有争议的。一种观点对这种殖民统治完全肯定，认为欧洲资本主义的扩张推动了世界落后地区的发展，是积极的、进步的。另一种观点则认为殖民主义者对殖民地人民实行了野蛮的侵略和残酷的掠夺，加重了殖民地人民的负担，阻碍了这些国家的发展。这两种看法都不无道理，然而又都有所不足。现在我们来看看马克思对这个问题的分析。

1853 年，马克思在《不列颠在印度的统治》一文中，在分析不列颠人对印度的侵略时指出，这种侵略的确是带来了灾难，与印度过去遭受的一切灾难比较起来，在程度上要深重得多；但在本质上却属于另外一种。马克思写道："从人的感情上来说，亲眼看到这无数辛勤经营的宗法制的祥和无害的社会组织一个个土崩瓦解，被投入苦海，亲眼看到它们的每个成员既丧失自己的古老形式的文明又丧失祖传的谋生手段，是会感到难过的。但是我们不应该忘记，这些田园风味的农村公社不管看起来怎样祥和无害，却始终是东方专制制度的牢固基础，它们使人的头脑局限在极小的范围内，成为迷信的驯服工具，成为传统规则的奴隶，表现不出任何伟大的作为和历史首创精神。""从消灭专制制度的基础、从推动历史发展的角度看，印度的农村公社应该被摧毁。至于在摧毁过程中出现的苦难，则是历史进步付出的不可避免的代价。"马克思正是以这样的历史观去分析问题的。他说："的确，英国在印度斯坦造成社会革命完全是受极卑鄙的利益所驱使，而且谋取这些利益的方式也很愚蠢。但是问题不在这里。问题在于，如果亚洲的社会状态没有一个根本的革命，人类能不能实现自己的命运？如果不能，那么，英国不管干了多少罪行，它造成这个革命竟是充当了历史的不自觉的工具。"我们认为，马克思的分析是全面而深刻的，他把道理从两个方面讲清楚了，这种分析经得起历史的检验，后来世界发展的实际也提供了证明。

现代西方发达国家利用当今全球化的趋势向世界推行新殖民主义，鼓吹"非国家化""非民族化"。有人不加分析地附和这种论调，认为全球化能使落后国家和民族摆脱贫困，走上现代化的发展道路。其实从现实情况来分析，一个国家要实现现代化固然必须跟上全球化的大潮，但以资本主义为主导的全球化并不一定能使这些国家和地区真正发展起来。现代西方发达国家仍然在做着使落后的民族从属于资产阶级民族、使东方从属于西方的美梦。

但时代不同了，社会主义无论遭受了怎样的挫折，它毕竟作为一种现实的存在对当今世界产生了巨大影响，尽管不发达的国家和落后民族仍然存在，然而它们具有强烈的独立意识和自主发展的欲望，新殖民主义者已经不可能像150多年前那样去征服和摆布它们。

当今的全球化运动是历史向世界历史转化这一过程的继续。在这个意义上全球化不是现代才有的现象。但从另外一个意义上看，全球化完全是现代才有的。因为今天的全球化同今天经济和科学技术的高度发展是分不开的，它是现代经济和科学技术的产物，是时代的结果。但《宣言》中关于世界历史理论的原理对全球化作了科学的预见，经受住了历史和实践的考验，它最深刻地揭示了问题的本质，可以接受当今任何全球化现实和理论的挑战，是指导我们观察"全球化"问题的思想武器。

第三节　资本主义曾经的革命作用

从历史唯物主义出发，马克思恩格斯把资本主义当作人类历史发展的一个阶段，既肯定它存在的合理，又深刻地揭示了它的暂时性和历史过渡性。

在《宣言》中，马克思恩格斯说："资产阶级在历史上曾经起过非常革命的作用"，这是对资本主义历史地位的一个非常客观的评价。这一评价在《宣言》中有进一步的展开。

当封建的所有制关系不能容纳已经发展了的生产力，反而变成了束缚生产力的桎梏时，这种所有制关系必须被炸毁，它事实上已经被炸毁了。"取而代之的是自由竞争以及与自由竞争相适应的社会制度和政治制度、资产阶级的经济统治和政治统治"。资产阶级不仅从封建贵族手中夺得了一个旧世界，并按照它自己的面貌创造了一个新世界。它是这个世界的主宰，这个世界正在按照资产阶级的意志向前发展，封建贵族的意志、领主教会的意志对于这个世界已经或正在失去其意义。当然这是就世界发展的总方向和总趋势而言的，并不是说其他阶级的意志就不存在或对当今世界的发展就不起任何作用，也不是说资本主义制度的发展就没有曲折和反复。当然，资产阶级的世界不是永世长存的，当无产阶级所代表的共产主义已经被世界一切势力公认为一种势力的时候，它对世界发展所产生的影响是不可估量的。特别是俄国"十月革命"后，一批社会主义国家的建立，对世界历史的意义是巨大的。它打破了资本主义世界的坚冰，开辟了人类历史新的航向。资产阶级的世界正在发生变化。不过我们不能因此而否认，从《宣言》产生到现在的 150 多年中，在整个世界发展中资产阶级仍然起着主导作用。也就是说，现代资产阶级及其所代表的社会绝不是上帝意志的产物，也不是什么天才人物的任意创造，完全是社会生产发展的结果，是生产方式和交换方式进行一系列变革的产物，它的出现是历史的必然，它对社会历史曾经起过巨大的推动作用。马克思、恩格斯是伟大的无产阶级理论家，同时又是伟大的科学家。他们高瞻远瞩，具有无比宽广的胸怀。他们对资本主义制度的历史必然性以及资产阶级的历史作用所作的分析，对于我们今天正确地去认识资本主义仍然具有指导意义。

资本主义的社会制度是由资产阶级创造的，资产阶级所固有的生产方式是同封建制度的地方特权、等级特权以及相互的人身束缚不相容的，资产阶级摧毁了封建制度，并且在它的废墟上建立了资本主义的社会制度，建立了自由竞争、自由迁徙、商品所有者平等的王国。资本主义时代是人类前所未有的快速发展时代。

首先，资本主义制度和其他社会制度一样，它继承了以往社会所创造的生产力，并且在继承的基础上又极大地推动了社会生产力的迅速发展。资本主义的高度发达的商品经济和竞争规律了经济社会的繁荣，社会化大生产为创造新的生产力和广泛应用自然力和科学技术开辟了道路。所以，资本主义才能够"在它的不到一百年的阶级统治中所创造的生产力，比过去一切世代创造的全部生产力还要多，还要大"。确实，诚如马克思恩格斯所说："自然力的征服，机器的采用，化学在工业和农业中的应用，轮船的行驶，铁路的通行，电报的使用，整个整个大陆的开垦，河川的通航，仿佛用法术从地下呼唤出来的大量人口，——过去哪一个世纪能够料想到有这样的生产力潜伏在社会劳动里呢？"

其次，建立资产阶级政权，促进了国家统一。资产阶级的前身是中世纪的市民阶级，主要由富商和富裕手工业者组成；形成伊始就同封建主展开了斗争。最初，他们为了争取城市自治，不惜使用暴力。市民阶级带领城市平民，用金钱赎买或武装斗争的方式来摆脱封建领主或教会对城市的控制，力图建立自由、自治的市民社会。市民社会的建立有利于商业的发展，也使城市成为非隶属的新的政治和社会有机体。随着资产阶级力量的不断增长，他们需要由经济上的统治地位上升到政治上的统治地位，于是有了推翻封建专制的资产阶级大革命和资本主义制度的最终确立。具体地说，商品经济是与传统的自给自足的自然经济完全不同的概念，它要求货畅其流，运转迅速。所以资产阶级在冲破封建领主之间的割据藩篱，建立国内统一市场上做了很多努力，"资产阶级日甚一日地消灭生产资料、财产和人口的分散状态。它使人口密集起来，使生产资料集中起来，使财产聚集在少数人的手里。由此必然产生的后果就是政治的集中。各自独立的、几乎只有同盟关系的、各有不同利益、不同法律、不同政府、不同关税的各个地区，现在已经结合为一个拥有统一的政府、统一的法律、统一的民族阶级利益和统一的关税的国家了。"国家统一后，资产阶级借助国家的力量开拓世界市场，"由于开拓了世界市场，使一切国家的生产和消费都成为世界性的了，不管反动派怎样惋惜，资产阶级还是挖掉了工业脚下的民族基础。古老的民族工业被消灭了，并且每天都还在被消灭。它们被新的工业排挤掉了，新的工业的建立已经成为一切文明民族的生命攸关的问题；这些工业所加工的，已经不是本地的原料，而是来自极其遥远的地区的原料；它们的产品不仅供本国消费，而且同时供世界各地消费。旧的、靠国产品来满足的需要，被新的、要靠极其遥远的国家和地带的产品来满足的需要所代替了。""物质的生产是如此，精神的生产也是如此。各民族的精神产品成了公共的财产。民族的片面性和局限性日益成为不可能，于是，由许多种民族的和地方的文学形成了一种世界的文学。""资产阶级，由于一切生产工具的迅速改进，由于交通的极其便利，把一切民族甚至最野蛮的民族都卷到文明中来了。"资本主义把各民族联系起来，从此，人类的发展从民族历史进入到世界历史的时代。

再次，极大地解放了人们的思想。资本主义的发展，导致"一切固定的古老的关系以及与之相适应的素被尊崇的观念和见解都被消除了，一切新形成的关系等不到固定下来就陈旧了。一切固定的东西都烟消云散了，一切神圣的东西都被亵渎了。"资产阶级发动宗教改革，冲击神学，鼓吹人文主义，推动文艺复兴，尊崇理性主义，倡导科技进步。由资本主义市场经济制度所决定的资本主义政治文化的进步性主要表现在：资产阶级在人类历史上第一次提出了自由、民主、平等、博爱，以人身自由否定人身依附关系，以平等否定等级和特权，以尘世的幸福否定天国的神恩。概言之，资本主义第一次在政治上肯定了人的尊严、和对幸福追求的合法性。

总之，《宣言》高度肯定资本主义制度在欧洲的确立和发展是人类历史上的一大进步。资本主义制度创造了巨大的生产力，积累了巨额的财富，开辟了世界市场，使世界各个地区的人们从隔绝中解放了出来，逐步融为一体。它创造的政治文明改变了世界的政治面貌，使民主共和为一切文明民族所认同；它创造了空前灿烂的资本主义文化，促进了科学和技术的飞速发展，极大地改变了人类的文化素质和社会价值观念。

第四节 资本主义为新的社会制度奠定基础

《宣言》指出，在资本主义的发展中孕育着向未来共产主义社会过渡的高度发展的物质条件和精神条件。资本主义在发展生产力的同时，形成了普遍的社会物质交换、全面的关系、多方面的需要以及全面的能力的社会体系，这就为共产主义的实现创造了前提条件。为了解读的完整，在此，结合马克思和恩格斯的全部思想说明这一问题。

第一，资本的发展为共产主义的实现提供了高度发展的生产力。

马克思恩格斯认为，共产主义实现的第一个历史条件就是生产力的高度发达。生产力的发展，不仅使在资本主义社会内部产生的矛盾和对抗成熟起来，而且也同时使新社会的形成要素和旧社会的变革要素成熟起来"。只有资本主义的生产力和生产方式这两个要素相互矛盾的时候，这种革命才有可能。生产力的高度发展对超越资本主义、实现未来理想社会具有非常重要的意义。因为，生产力的这种发展是必需的实际前提，如果没有生产力的高度发展，那就只会有贫穷的普遍化；而在极端贫困的情况下，就必须重新开始争取必需品的斗争，也就是说，全部陈腐的东西又要死灰复燃"。生产力的这种发展之所以是绝对必需的实际前提，还因为："只有随着生产力的这种普遍发展，人们之间的普遍交往才能建立起来"，共产主义只有"以生产力的普遍发展和与此有关的世界交往的普遍发展为前提"才能实现。

要求生产力高度快速的发展，这是资产阶级的内在本性。在稍后的《资本论》中，马克思写到，"生产力发展——首先是剩余劳动的创造——是资本的价值增加或资本的价值增殖的必要条件。因此，资本作为无止境地追求发财致富的欲望，力图无止境地提高劳动生产力并且使之成为现实。""资本越发展，它创造出的剩余劳动越多，它也就必然越要疯狂地发展生产力。""尽管按照资本的本性来说，它本身是狭隘的，但它力求全面地发展生产力，……这种趋势是资本所具有的"，并且"这种趋势使资本同以往的一切生产方式区别开来"。资本按照自己的这种趋势破坏一切并使之革命化，摧毁一切阻碍发展生产力。所以，发展社会生产力是资本主义的历史任务和存在理由。资本主义正是以此为基础不自觉地创造着一种更高级的生产形式的物质条件。

生产力的高度发展对超越资本主义、实现未来理想社会具有非常重要的意义。因为，生产力的这种发展是必需的实际前提，如果没有生产力的高度发展，"那就只会有贫穷的普遍化；而在极端贫困的情况下，就必须重新开始争取必需品的斗争，也就是说，全部陈腐的东西又要死灰复燃"。生产力的这种发展之所以是绝对必需的实际前提，还因为："只有随着生产力的这种普遍发展，人们之间的普遍交往才能建立起来"，共产主义只有"以生产力的普遍发展和与此有关的世界交往的普遍发展为前提"才能实现。

第二，在生产力发展的基础上，资本积累不断地创造出无产阶级以及无产阶级的普遍联系，这为共产主义革命的实现奠定了基础。

在马克思、恩格斯看来，无产阶级革命必须在具备一定客观条件的基础上才能得以实现："彻底的社会革命是同经济发展的一定历史条件相联系着的；这些条件是社会革命的前提。因此，只有在工业无产阶级随着资本主义生产的发展，在人民群众中至少占有重要地位的地方，社会革命才有可能。"

马克思恩格斯阐释了无产阶级随着资本的发展和世界历史的发展进行共产主义革命的可能性。这就是：资产阶级社会大工业消灭了各民族的特殊性，创造了一个真正同整个旧世界脱离并对立的阶级——无产阶级，"每当一民族的资产阶级还保持着它的特殊的民族利益的时候，大工业却创造出了这样一个阶级，这个阶级在所有的民族中都具有同样的利益，在它那里民族特殊性已经消灭，这是一个真正同整个旧世界脱离而同时又与之对立的阶级"。同时，大工业不仅使工人和资本家的关系，而且使劳动本身变为工人不堪忍受的东西，分工所产生的那个异己的社会物质力量，越来越强大。马克思恩格斯认为，共产主义作为解放全人类的事业，它本身不可能"作为某种地域性的东西而存在"，而只能是世界历史性的存在。个人的解放程度与历史转变为世界历史的程度是一致的。原因是："无产阶级只有在世界历史意义上才能存在，就像共产主义——它的事业——只有作为'世界历史性的'存在才有可能实现一样"。世界历史的发展，创造出世界性的无产阶级。由于世界市场的产生，使资本主义的内在矛盾扩展到全世界的所有国家。这种情况的出现，"可以产生一切民族中同时都存在着'没有财产的'群众这一现象（普遍竞争），使每一个民族都依赖于其他民族的变革"。而关于一切民族都存在的"没有财产的群众"，马克思指出："许许多多人仅仅依靠自己劳动为生——大量的劳力与资本隔绝或甚至有限地满足自己的需要的可能性都被剥夺，——从而由于竞争，他们不再是暂时失去作为有保障的生活来源的工作，他们陷于绝境，这种状况是以世界市场的存在为前提的"。世界市场的发展使全世界形成了大致相同的阶级关系，每一个民族的变革同其他民族的变革都有依存关系，因此共产主义的存在必然是世界历史性的。马克思还指出，随着资本主义再生产的规模扩大或资本积累，规模扩大的资本关系也被再生产出来：再生产出一极是更多的或更大的资本家，另一极是更多的雇佣工人。这表明，随着资本运动而增大的资本积累就是无产阶级的增加。所以，马克思恩格斯从资本的发展和世界历史的发展中看到了无产阶级革命的希望。

第三，在生产力发展的基础上，资本主义为人的个性的全面发展提供了物质条件。

正是资本主义以资本为核心、为获取剩余价值而进行的生产，在使人受到资本抽象统治的同时，也为人的需要、才能、享用等个性的全面发展打下了坚实的物质基础。这具体表现在以下几个方面：

一是资本主义的发展为整个社会和社会的每个成员创造了大量的可以自由支配的时间。马克思恩格斯认为，可以自由支配的时间是人的个性得到发展的必不可少的重要条件，而资本的主要使命就是创造可以自由支配的时间。因为，生产力的发展在减轻人们的劳动的同时，就会创造出大量的闲暇时间。在后来的政治经济学研究中，马克思进一步强调，"可以自由支配的时间"是伴随着资本支配生产者生产剩余劳动一同产生的："资本的规律是创造剩余劳动，即可以自由支配的时间"。而"从整个社会来说，创造可以自由支配的时间，也就是创造生产科学、艺术等等的时间"。① 这就使人的自由和全面发展成为可能。

二是资产阶级为生产出更多的剩余价值而对机器的使用，为人的全面发展创造了条件。马克思指出，资本在使用机器时完全无意地使人的劳动，使力量的支出缩减到最低限度。"这将有利于解放了的劳动，也是使劳动获得解放的条件。"同时，生产过程中对机器使用的结果是：劳动者由生产过程中的主要当事人转变为站在生产过程旁边的生产过程的监督者和调解者。"在这个转变中，表现为生产和财富的宏大基石的，……是社会个人的发展。"② 还有一个显见的事实是，在大工业生产的条件下，劳动的变换，工人多方面的发展是社会生产的普遍规律，为适应不断变动的劳动需求，产生了同时具有多种社会职能当作相互交替的活动方式的全面发展的个人，来代替只是承担一种社会局部职能的

---

① 《马克思恩格斯全集》第30卷，人民出版社1995年版，第377、379页。
② 《马克思恩格斯全集》第31卷，人民出版社1998年版，第100～101页。

局部个人。

三是由资本运动而产生的世界历史，促使人成为全面发展的个人。在马克思看来，随着历史转变为世界历史，世界历史性的个人取代了"依然处于地方的、笼罩着迷信气氛的'状态'"的"狭隘的地域性个人"。通过普遍交往，个人成为"世界历史性的"存在——各个人的世界历史性的存在，也就是与世界历史直接相联系的各个人的存在。在这种历史条件下，个人克服和摆脱"狭隘地域性"个人的局限，成为全面发展的人。因为"每一个单人的解放的程度是与历史完全转变为世界历史的程度一致的"。随着历史转变为世界历史，"单个人才能摆脱种种民族局限和地域局限而同整个世界的生产（也同精神的生产）发生实际联系，才能获得利用全球的这种全面的生产（人们的创造）的能力"①。

总而言之，资本主义虽然对人产生了奴役和束缚，但同时它又为共产主义的实现奠定了基础。马克思恩格斯的这一思想通过后来的政治经济学研究有了进一步的发展，正是由于上述原因，马克思才写道："尽管在其自发的、野蛮的、资本主义的形式中，也就是在工人为生产过程而存在，不是生产过程为工人而存在的那种形式中，是造成毁灭和奴役的祸根，但在适当的条件下，必然会反过来转变成人道的发展的源泉。"

四是在资本主义生产中所出现的未来教育的萌芽，为塑造人的全面发展提供了方法和途径。关于这一点，马克思指出："从

① 《马克思恩格斯选集》第1卷，人民出版社1995年版，第87、89页。

工厂制度中萌发出了未来教育的幼芽，未来教育对所有已满一定年龄的儿童来说，就是生产劳动同智育和体育相结合"。① 在马克思看来，它不仅是提高社会生产的一种方法，而且同时也是造就全面发展的人的唯一方法。

因此，全面发展的个人是一定历史条件下即资本主义的产物："要使这种个性成为可能，能力的发展就要达到一定的程度和全面性，这正是以建立在交换价值基础上的生产为前提的，这种生产才在产生出个人同自己和同别人相异化的普遍性的同时，也产生出个人关系和个人能力的普遍性和全面性。"② 资本作为孜孜不倦地追求财富的一般形式，"为发展丰富的个性创造出物质要素，这种个性无论在生产上和消费上都是全面的"。"培养社会的人的一切属性，并且把他作为具有尽可能丰富的属性和联系的人，因而具有尽可能广泛需要的人生产出来——把他作为尽可能完整的和全面的社会产品生产出来"，"这同样是以资本为基础的生产的一个条件"。

第五节 资本主义的历史过渡性

与资产阶级思想家不同，马克思恩格斯没有把资本主义视为

---

① 马克思：《资本论》第1卷，人民出版社2004年版，第556~557页。
② 《马克思恩格斯全集》第30卷，人民出版社1995年版，第112页。

人类社会永恒的、最终的、绝对理想的阶段，只是把它看作是人类历史发展过程中的一个暂时的阶段。马克思恩格斯的这一思想，源于早年形成的历史唯物主义观点和辩证法的思维方式。

马克思把历史唯物主义观点总结为："人们在自己生活的社会生产中发生一定的、必然的、不以他们的意志为转移的关系，即同他们的物质生产力的一定发展阶段相适合的生产关系。社会的物质生产力发展到一定阶段，便同他们一直在其中活动的现存生产关系发生矛盾。于是这些关系由生产力的发展形式变为生产力的桎梏。那时社会革命的时代就到来了。无论哪一种社会形态，在它所能容纳的全部生产力发挥出来以前，是绝对不会灭亡的；而更高级的生产关系，在它存在的物质条件在旧的社会胎胞里成熟以前，是绝不会出现的。人类社会经济形态从总体上说，经历了亚细亚的、古代的、封建的和现代资产阶级的生产方式几个时代。"① 基于此，马克思恩格斯相信，随着生产力的发展必然使生产力和生产关系产生矛盾与冲突，导致旧的社会形式必然被另一种比它更高级的社会形式所取代，从而推动历史不断向前发展。正是从这种基本立场出发，马克思认为资本主义社会作为人类社会发展的一个环节、一个阶段，其内部也存在着自身不可解决的生产力与生产关系的基本矛盾，因而导致它向更高级的社会形态——共产主义社会转变和发展。

马克思恩格斯认识资本主义的思维方式是辩证法，对于辩证法，在《资本论》第一卷第二版的《跋》中马克思作出了清楚的

---

① 《马克思恩格斯全集》第 31 卷，人民出版社 1998 年版，第 413 页。

阐释："辩证法在对现存事物的肯定的理解中同时包含对现存事物的否定的理解，即对现存事物的必然灭亡的理解；辩证法对每一种既成的形式都是从不断的运动中，因而也是从它的暂时性方面去理解；辩证法不崇拜任何东西，按其本质来说，它是批判的和革命的"。①马克思恩格斯用辩证的态度看待资本主义社会，对资本主义社会的内部矛盾进行揭示，发现了共产主义得以实现的现实根据。这就是马克思所说的"在批判旧世界中发现新世界"，这也是对于辩证法应有的批判方式的最为明确的概括，马克思恩格斯不想教条式地预料未来，他们给自己定下的任务不是推断未来和宣布一些适合将来任何时候的一劳永逸的决定，而是要"对现存的一切进行无情的批判"。

在《共产党宣言》，马克思、恩格斯在肯定资本主义对于历史发展的巨大的推动作用的同时，也指出，随着生产力的不断发展，"资产阶级的生产关系和交换关系，资产阶级的所有制关系，这个曾经仿佛用法术创造了如此庞大的生产资料和交换手段的现代资产阶级社会，现在像一个魔法师一样不能再支配自己用法术呼唤出来的魔鬼了"。一个最基本的事实就是在周期性的重复中越来越危及整个资产阶级社会生存的商业危机。商业危机的出现，意味着"社会所拥有的生产力已经不能再促进资产阶级文明和资产阶级所有制关系的发展；相反，生产力已经强大到这种关系所不能适应的地步，它已经受到这种关系的阻碍；而它一着手克服这种障碍，就使整个资产阶级社会陷入混乱，就使资产阶级所有

---

① 马克思：《资本论》第 1 卷，人民出版社 2004 年版，第 22 页。

制的存在受到威胁。资产阶级的关系已经太狭窄了，再容纳不了它本身所造成的财富了。"而资产阶级为了克服这种商业危机，一方面不得不消灭大量生产力和社会财富，另一方面夺取新的市场，更加彻底地利用旧的市场。而这些做法的结果，必然是导致更全面更猛烈的危机，而且也使得防止危机的手段越来越少的办法。资产阶级曾经以发展生产力作为推翻封建制度的武器，现在这一武器却对准资产阶级自己了。

当然，资产阶级不仅锻造了置自身于死地的武器——生产力；它还产生了将要运用这种武器的人——现代的工人，即无产者。

首先，随着资产阶级即资本的发展，无产阶级即现代工人阶级也在同一程度上得到发展，随着工业的发展，无产阶级不仅人数增加，而且它结合成更大的集体，阶级的整体力量日益增长；机器缩小了劳动的差别，使工资几乎到处都降到同样低的水平，因而无产阶级内部的利益、生活状况也越来越趋于一致。资产者彼此间日益加剧的竞争以及由此引起的商业危机，使工人的工资、生活越来越不稳定；机器的日益迅速的和继续不断的改良，不断地排挤工人，使工人的整个生活地位越来越没有保障；单个工人和单个资产者之间的冲突越来越具有两个阶级的冲突的性质。工人开始成立反对资产者的同盟；他们联合起来保卫自己的工资。他们甚至建立了经常性的团体，以便为可能发生的反抗准备食品。有些地方，斗争爆发为起义。现代工人阶级已经有了成立自己的政党的意愿要求，也就是说，有了自己的政治诉求。

其次，"旧社会内部的所有冲突在许多方面都促进了无产阶级的发展"。资产阶级为了维护自己的利益，早已经把无产阶级卷进了政治运动。资产阶级从存在那一天起，就处于不断的斗争中，最初是反对反对贵族，然后是反对同工业进步有利害冲突的那部分资产阶级，还有常规性地反对一切外国的资产阶级以维护本国资产阶级的利益。在这一切斗争中，资产阶级都要求无产阶级的援助，以无产阶级为斗争的主体力量。因此，宣传、鼓动、教育无产阶级，使他们能够为资产阶级利益而斗争就成为资产阶级的行动策略。这样一来，无产阶级早早地就被卷进了政治运动，于是，"资产阶级自己就把自己的教育因素即反对自身的武器给予了无产阶级"。

再次，"工业的进步把统治阶级的整批成员抛到无产阶级队伍里去，或者至少也使他们的生活条件受到威胁"。资本主义的发展过程是大鱼吃小鱼、一个资本家打倒许多资本家的过程。这一过程必然导致许多资本家的破产进而成为无产阶级中的一员。同时，那些在竞争中处于劣势甚至濒临破产的资本家，也需要利用本行业或本企业的工人的力量来维护自己的力量。这两种情况的存在，都有利于提高无产阶级的政治斗争的意识与觉悟。

最后，"现在资产阶级中也有一部分人，特别是已经提高到从理论上认识整个历史运动这一水平的一部分资产阶级思想家，转到无产阶级方面来了"。无产阶级是掌握着未来的阶级，在激烈的阶级斗争过程，也就是统治阶级内部的、整个旧社会内部的瓦解过程。随着斗争的不断激化，统治阶级中的一小部分人会脱离统治阶级而归附于革命的阶级。特别是那些具有了先进思想，能够在一定程度上看清资本主义的本质和历史发展方向的资产阶级思想家，更容易站到无产阶级的立场上来。他们的到来，既扩大了无产阶级的队伍，又提升了无产阶级斗争的理论水平。

由于上述情况的存在，工人通过结社而达到的革命联合代替了他们由于竞争而造成的分散状态。所以马克思恩格斯认为，资本主义生产了它自身的掘墓人。马克思恩格斯的结论是："资产阶级的灭亡和无产阶级的胜利是同样不可避免的"。

第五章　共产党人的理论原理

《共产党宣言》作为共产党人的行动纲领，自然是把共产党人的实践原则的理论阐述即理论原理作为中心内容。在阐述这些内容之前，马克思恩格斯特别强调，共产党人的理论原理有其现实的依据，是"现存的阶级斗争、我们眼前的历史运动的真实关系的一般表述"，而"决不是以这个或那个世界改革家所发明或发现的思想、原则为根据的"。

第一节　消灭私有制

马克思、恩格斯在《宣言》中特别指出，"共产党人可以把自己的理论概括为一句话：消灭私有制"。

早在 1844 年，马克思就已经意识到，工人在资本主义社会中的悲惨境遇是由私有制造成的。在资本主义社会中，由于资本主义私有制的存在，资本与劳动处于分离与对立状态，资本雇佣劳动，占有劳动的产品，这一切造成了劳动的异化，而这种异化是与私有制相伴随的，是在资本主义私有制框架内无法解决的。在《1844年经济学哲学手稿》中，马克思把这种"异化"具体分为4个方面的内容：

一是劳动者同自己的劳动产品的异化。在资本主义社会，劳动是以异化的形式表现出来的，劳动所生产的对象即劳动产品，是一种同劳动相对立的、不依赖生产者的力量的、异己的存在物，即工人与自己劳动产品的关系就是与一个异己对象的关系。这就导致劳动的实现表现为工人失去现实性，对象化表现为对象的丧失和被对象奴役，占有表现为异化、外化。劳动产品不再属于把它们创造出来的劳动者，相反是它们支配劳动者，结果造成了这样的事实：工人生产出的财富越多，他的产品的力量和数量越大，他就越贫穷。工人创造的商品越多，他就越变成廉价的商品。"物的世界的增值同人的世界的贬值成正比"，即"工人在劳动中耗费的力量越多，他亲手创造出来的反对自身的、异己的对象世界的力量就越强大，他自身、他内部的世界就越贫乏，归他所有的东西就少"。①

二是劳动者同自己的劳动相异化。在资本主义条件下，劳动者的劳动只是谋生的手段，不是自愿的而是被强制的劳动，只是满足劳动需要之外的需要的一种劳动，因而是一种异化劳动。而

---

① 马克思：《1844年经济学哲学手稿》，人民出版社2000年版，第51、52页。

劳动作为人的活动，本应是对人的能力的确证和肯定。但在异化的状态下，劳动者在自己的劳动中获得的只是对自身的否定和不幸，他们不能自由地发挥自己的体力和智力，并且受到肉体和精神的双重折磨和摧残。这种劳动的异己性明显表现为：只要肉体的强制或其他强制一停止，人们就会如同逃避瘟疫一样逃避劳动。在此条件下，人丧失了自身，他们的活动中更多的具有了动物性的特征。劳动者"只有在运用自己的动物机能——吃、喝、生殖，至多还有居住、修饰等等——的时候，才觉得自己在自由活动，而在运用人的机能时，觉得自己只不过是动物。动物的东西成为人的东西，而人的东西成为动物的东西"。①

三是劳动者同自己的类本质相异化。异化劳动由于使自然界、人本身、他自己的活动机能与生命活动同人相异化，"也就使类同人相异化"，"对人来说，它把类生活变成维持个人生活的手段"。而人作为类存在物，他的活动本来应该是体现其自身的生命本质的"自由的有意识的"对象性活动，但是由于"异化劳动从人那里夺去了他的生产的对象，也就从人那里夺去了他的类生活，即他的现实的类对象性，把人对动物所具有的优点变成缺点，因为从人那里夺走了他的无机的身体即自然界"，② 因而使人自己的身体、自然界、精神本质以及他的人的本质同人相异化，变成对人来说是异己的本质，变成维持他的个人生存的手段，结果表现出来的只是人的类本质的反面，而人的类本质根本无法得到

---

① 《1844年经济学哲学手稿》，人民出版社2000年版，第55页
② 《1844年经济学哲学手稿》，人民出版社2000年版，第57~58页。

实现。

四是人同人相异化。这是由上述 3 个方面的异化所导致的直接结果。在资本主义社会中，人同自身相对立的同时，也同他人相对立。这是因为，人在异化的条件下，人对自身的任何关系，只有通过人对他人的关系才能得到实现和表现。"凡是适合于人对自己的劳动、对自己的劳动产品和对自身的关系，也都适用于人对他人、对他人的劳动和劳动对象的关系。"在资本主义社会中，劳动和劳动产品都属于劳动者之外的他人，这个他人就是资本家。通过异化劳动，"工人生产出一个对劳动生疏的、站在劳动之外的人对这个劳动的关系。工人对劳动的关系，生产出资本家……对这个劳动的关系"。① 这表明，人同人相异化主要就是资本家同劳动者相异化。资本家对劳动者来说是统治他们的异己力量，劳动者的活动对资本家来说，是为其服务、受其支配、在其强迫和压制之下的活动。

在其后的《神圣家族》一书中，马克思分析了无产阶级的现实生活条件及无产阶级与资产阶级的矛盾，阐发了"有产阶级和无产阶级同是人的自我异化"、在"无产阶级的生活条件中现代社会的一切生活条件达到了反人性的顶点"② 等观点，并指出了无产阶级的历史作用。

在《德意志意识形态》中，马克思认为异化的产生，是由于生产力发展导致分工的发展（私有财产正是从分工中产生的）。

---

① 《1844 年经济学哲学手稿》，人民出版社 2000 年版，第 59、61 页。
② 《马克思恩格斯全集》第 2 卷，人民出版社 1957 年版，第 44、45 页。

马克思说"分工从最初起就包含着劳动条件、劳动工具和材料的分配，因而也包含着积累起来的资本在各个私有者之间的劈分，从而也包含着资本和劳动之间的分裂以及所有制本身的各种不同的形式。分工愈发达，积累愈增加，这种分裂也就愈剧烈。劳动本身只有在这种分裂的条件下才能存在。"①

而分工使得劳动产品为交换而生产，而非为自己消费而生产，劳动分工使人的劳动成为一种对立于劳动者的异化力量，阻碍劳动者按照自己的意志从一种生产活动转换成另一种，这就是人的异化的开始。

总之，分工是人的异化的开始，异化劳动的结果是私有财产及其积累。随着生产力的发展，累积的私有财产更进一步造成劳动的异化，私有财产变成加剧人的异化的手段。特别是在资本主义社会里，劳动与资本的对立和异化达到极限，全部私有财产关系也就达到了顶点、最高阶段，这时，也就应当通过废除私有财产实现消除劳动异化的目标。

因此，社会要消除异化、实现人的自由，就必须首先废除私有制。废除私有制，才能使劳动与资本直接结合，劳动转化为"直接社会性的"，以直接方式满足社会需要，结束异化。恩格斯在先前的《共产主义原理》中说"私有制必须废除，代替它的是共同使用全部生产工具和按共同协议来分配产品，即所谓财产共有。废除私有制甚至是工业发展所必然引起的改造整个社会制度的最简明扼要的说法。所以共产主义者提出废除私有制为自己的

---

① 《马克思恩格斯全集》第 3 卷，人民出版社 1960 年版，第 74 ~ 75 页。

主要要求是完全正确的。"

对于消灭什么样的私有制,《宣言》明确指出:"共产主义的特征并不是要废除一般的所有制,而是要废除资产阶级的所有制"。在"现存社会里,私有财产对十分之九的成员来说已经被消灭了;这种私有制之所以存在,正是因为私有财产对十分之九的成员来说已经不存在。"显然共产党人要消灭的是少数资本家占有生产资料的私有制。

《宣言》指出,共产主义革命就是同传统的所有制关系和传统的观念实行最彻底的决裂。实行两个"最彻底的决裂",就是要彻底消灭私有制,彻底消灭私有观念。共产主义革命不仅要彻底消灭私有制,而且还要彻底消灭私有观念。这是因为,私有制是私有观念产生和存在的经济基础,而私有观念则是维护私有制的思想武器。资产阶级为了维护自己的阶级利益,必然要利用一切腐朽没落的意识形态维护其私有制。所以,只有彻底消灭私有制,彻底消灭私有观念和一切剥削阶级的意识形态,才能彻底消灭剥削制度,实现"每个人的自由发展是一切人的自由发展的条件"的共产主义社会。

第二节 无产阶级革命

废除私有制,就必须进行社会革命,《宣言》中指出,共产党人的最近目标，是使无产阶级形成为阶级，推翻资产阶级的统治，由无产阶级夺取政权。"无产阶级，现今社会的最下层，如果不炸毁构成官方社会的整个上层，就不能抬起头来，挺起胸来。"

无产阶级革命是迄今人类历史上最广泛、最彻底、最深刻的革命，是不同于以往一切革命的最新类型的革命。《宣言》中说："过去的一切运动都是少数人的或者为少数人谋利益的运动。无产阶级的运动是绝大多数人的、为绝大多数人谋利益的独立的运动。"具体地说：

第一，无产阶级革命是彻底消灭一切私有制、代之以生产资料公有制的革命。"过去一切阶级在争得统治之后，总是使整个社会服从于它们发财致富的条件，企图以此来巩固它们已获得的生活地位。无产者只有废除自己的现存的占有方式，从而废除全部现存的占有方式，才能取得社会生产力。无产者没有什么自己的东西必须加以保护，他们必须摧毁至今保护和保障私有财产的一切。"

第二，无产阶级革命是要彻底消灭一切阶级和阶级统治的革命。无产阶级"如果不同时使整个社会一劳永逸地摆脱一切剥削、压迫以及阶级差别和阶级斗争，就不能使自己从进行剥削和统治的那个阶级（资产阶级）的奴役下解放出来"。因此，无产阶级只有使一切阶级的个人摆脱政治和经济的桎梏，消灭阶级统治存在的条件，他们才能最后获得解放。

第三，无产阶级革命是为绝大多数人谋利益的运动。人类社会自从出现私有制和阶级以来，无论是奴隶社会、封建社会还是资本主义社会，都是实行生产资料私有制的社会，都是少数人剥削多数人的社会，尽管它们相互对立，彼此取代，但有一点是相同的，它们都是为少数人谋利益的革命。而无产阶级革命则最终要消灭私有制，消灭阶级，消灭剥削。"无产阶级只有解放全人类才能解放自己"，它的阶级利益同所有其他劳动者的利益是根本一致的。

暴力革命是无产阶级革命的一般形式。《宣言》中指出："共产党人不屑于隐瞒自己的观点和意图。他们公开宣布：他们的目的只有用暴力推翻全部现存的社会制度才能达到。"马克思后来在《资本论》中进一步指出，"暴力是每一个孕育着新社会的旧社会的助产婆"[1]。暴力革命的必要性在于，首先，资产阶级国家机器从一开始，就是作为对无产阶级实行专政的暴力工具而出现的。当无产阶级和广大劳动人民的反抗斗争威胁到资产阶级统治的时候，资产阶级总是动用全部国家暴力机器，残酷镇压革命运动。无产阶级和劳动人民要争得自身解放，就必须拿起武器，进行武装斗争，用革命的暴力消灭反革命的暴力，才能夺取无产阶级革命的胜利。其次，无产阶级革命意味着无产阶级推翻资产阶级的统治，社会主义制度取代资本主义制度，这对于资产阶级来说是痛苦的，不堪设想的，资产阶级为了维护自己的阶级利益，决不会自动交出政权，总是要采取一切手段进行拼死的反抗。最后，后来的国际无产阶级革命的具体实践，也证明了暴力革命是

---

① 马克思：《资本论》第 1 卷，人民出版社 2004 年版，第 861 页。

无产阶级革命的一般规律。1871 年巴黎公社革命，是法国无产阶级通过暴力革命推翻资产阶级统治，建立无产阶级专政的第一次伟大尝试。公社存在的 72 天是武装斗争的 72 天，而公社失败的原因之一，正是革命暴力使用得不够，没有彻底消灭资产阶级的军队。十月社会主义革命也是经过武装起义取得胜利的，胜利之后，又经过三年国内战争，消灭了反革命武装叛乱，粉碎了 14 国武装干涉，才巩固了苏维埃政权。中国革命的胜利，也是在中国共产党的领导下，经过了 28 年艰苦的革命战争才取得的。

无产阶级革命的根本问题是要打碎资产阶级国家机器，建立无产阶级专政的新型国家。马克思在总结欧洲 1848 年革命和 1871 年巴黎公社革命经验时，得出"工人阶级不能简单地掌握现行的国家机器，并运用它来达到自己的目的"的科学结论，恩格斯在《宣言》的再版序言中重申这一结论，从而丰富了《宣言》的无产阶级革命理论。列宁认为，这个结论是马克思主义国家学说中主要的基本的东西，"一切革命的根本问题是国家政权问题。不弄清这一点，便谈不上自觉地参加革命，更不用说领导革命。"① "不用暴力破坏资产阶级的国家机器，不用新的国家机器代替它，无产阶级革命是不可能的。"② 国家政权问题之所以是一切革命的根本问题，这是由国家的本质和作用所决定的。国家是阶级矛盾不可调和的产物和表现，是掌握在统治阶级手里对被统治阶级实行压迫的有组织的暴力机关。它的主要成分是军队、警

---

① 《列宁选集》第 3 卷第 19 页。
② 《列宁选集》第 3 卷第 624 页。

察、法庭、监狱等。国家政权是上层建筑的重要组成部分，它在一定的经济基础上产生，并为一定的经济基础服务。因此，历史上一切剥削阶级正是依靠掌握国家政权这个工具，维护自己的统治地位，它总是不断加强国家机器，以镇压被剥削被压迫阶级的反抗。被剥削被压迫阶级要改变自己的政治和经济地位，就必须首先夺取政权。所有的革命阶级都把夺取国家政权看作是革命胜利的首要标志，革命阶级掌握了国家政权，才能实现革命的目的。无产阶级革命的根本问题仍然是国家政权问题。这是由无产阶级革命的性质和资产阶级国家政权的本质决定的。一方面，无产阶级革命与以往一切革命有着根本不同的性质。以往的社会革命，除了奴隶制代替原始社会制以外，都是以一种私有制代替另一种私有制的革命，新的统治阶级只要按照本阶级的利益，对原有的国家机器加以改良和充实，使其更加完备，就可以适应自己的阶级统治。无产阶级革命是要消灭一切剥削制度和剥削阶级，用公有制代替私有制，用社会主义代替资本主义，最终实现共产主义。因此，无产阶级不能简单地掌握和利用剥削阶级旧的国家机器，只有在彻底打碎它的基础上建立新型的无产阶级专政的国家政权，才能凭借这个政权巩固和发展革命的胜利成果，实现无产阶级的历史使命。另一方面，资产阶级国家政权是用来镇压无产阶级、维护资本主义制度的暴力机关。无产阶级在革命中如果不将资产阶级国家政权彻底打碎，就不能解除套在自己身上的枷锁和摆脱被奴役的地位。

无产阶级推翻资产阶级统治之后，必须建立无产阶级专政，作为向共产主义过渡的必要条件。《宣言》指出，无产阶级用暴力推翻资产阶级而建立自己的统治。"工人革命的第一步就是使无产阶级上升为统治阶级，争得民主。"无产阶级建立了政治统治之后，将利用自己的政权一步一步地剥夺资产阶级的全部资本，把一切生产资料集中在无产阶级国家手中，迅速发展社会生产力。上述论断已经包含了无产阶级专政的思想，但还没有明确提出无产阶级专政的科学概念。后来马克思在《法兰西阶级斗争》一书中总结法国工人六月起义失败的教训时，第一次提出："推翻资产阶级！工人阶级专政！"他说的工人阶级专政就是"无产阶级的阶级专政"。马克思认为，"社会主义就是宣布不间断革命，就是实现无产阶级的阶级专政，把这种专政作为必经的过渡阶段，以求达到根本消灭阶级差别，消灭一切产生这些差别的生产关系，消灭一切和这些生产关系相适应的社会关系，改变一切由这些社会关系产生出来的观念。"1875年马克思在《哥达纲领批判》中对无产阶级专政问题作出了科学概括："在资本主义社会和共产主义社会之间，有一个从前者变为后者的革命转变时期。同这个时期相适应的也有一个政治上的过渡时期，这个时期的国家只能是无产阶级的革命专政。"

《宣言》提出了一个非常重要的思想，这就是无产阶级在通过革命使自己成为统治阶级以后，不能永远统治下去，而是要创造条件，尽快地消灭自己这个阶级的统治。如果无产阶级上升为统治阶级就意味着建立无产阶级专政，那么上述说法则表明，在《宣言》里就已经有无产阶级专政过渡性的思想。按照马克思、恩格斯当时的想法，无产阶级在推翻资产阶级统治以后，利用自己手中掌握的政治权力，以统治阶级的资格用暴力消灭旧的生产关系，同时也就消灭了阶级对立存在的条件，消灭了阶级本身的存在的条件，从而消灭了它自己作为一个统治阶级的存在。这时作为暴力工具的国家的职能已不复存在，社会的许多管理的职能由社会成员分别担任，专门的凌驾于社会之上的管理机关成为多余，国家便逐渐消亡。他们认为这是无产阶级革命不同于以往任何别的阶级的地方。因为以往别的阶级总是把政治权力当作压迫另一个阶级的有组织的暴力工具，一旦政权到手，就意味着革命的完成；为了镇压被统治阶级的反抗，他们总是不断地强化这种暴力工具，这是以往一切国家的实质。而无产阶级则是要消灭一切阶级，当然也要使这种暴力归于消亡，也就是国家的消亡。

不过现在看来，这个过程远不是这样简单。实践表明，在消灭一切阶级和进入无阶级社会之前，无产阶级专政将经历一个由加强到逐步消亡的过程，并非立刻就消亡无存，这个过程需要相当长的历史时期。这是因为后来的无产阶级革命不是像马克思当年所预料的那样，在世界主要国家同时取得胜利，而是首先在一国或几个国家取得胜利。取得胜利的国家仍处于资产阶级帝国主义的包围之中，它仍然需要依靠无产阶级专政来保卫自己的革命成果；在国内，私有财产和私有观念仍然存在，胜利了的无产阶级仍然需要依靠无产阶级专政来巩固自己的政治统治。

第三节　共产党是实现无产阶级
历史使命的领导力量

　　无产阶级要实现伟大的历史使命，必须建立无产阶级的独立的革命政党。《宣言》系统地论述了无产阶级政党的性质、特点、任务和策略。

　　建立无产阶级政党是无产阶级获得自身的解放的首要条件。《宣言》中指出，无产阶级是大工业产生的最革命最先进的阶级，同时也是被压迫的阶级，是资本主义的掘墓人。因此，无产阶级首先要形成阶级，用暴力推翻全部现存的社会制度，推翻资产阶级的统治，夺取政权，争得民主，使无产阶级上升为统治阶级，利用自己的政治统治，一步一步地夺取资产阶级的全部资本，废除资产阶级私有制，把一切生产工具集中在国家即组织成为统治阶级的无产阶级手里，并且尽可能地增加生产力的总量。这就是无产阶级的历史使命。"为保证社会革命获得胜利和实现革命的最高目标——消灭阶级，无产阶级这样组织成为政党是必要的"，[1] "是无产阶级获得解放的首要条件之一"。[2]

　　只有建立无产阶级政党才能保证无产阶级革命的胜利。首先，

---

① 《马克思恩格斯文集》第3卷，人民出版社2009年版，第228页。
② 《马克思恩格斯文集》第2卷，人民出版社2009年版，第50页。

建立无产阶级政党是无产阶级进行政治斗争的需要。马克思、恩格斯通过研究世界史、特别是资本主义社会发展史，系统地掌握了当代资本主义政党的历史知识，了解了欧洲各国政党斗争的经验，对政党问题有了深刻的认识和理解。19 世纪 40 年代，马克思、恩格斯开始考察和研究工人阶级及其运动，特别是恩格斯深入德国和英国，对工人及工人运动的实际发展状况进行实地考察。在理论与实践研究的基础上，马克思、恩格斯撰写了《〈黑格尔法哲学批判〉导言》《英国工人阶级状况》《神圣家族》《德意志意识形态》《哲学的贫困》《共产主义者和卡尔·海因岑》等著作，对无产阶级产生和发展的历史、无产阶级同资产阶级斗争的历史、无产阶级的工作、生活现状以及无产阶级在资本主义发展进程中的地位和作用进行了详细的考察，认为任何一个政党总是一定阶级或阶层的代表。在近代资产阶级社会里，资产阶级一般都是通过自己的政党来执掌政权的。资产阶级就是从反封建的局部性同盟开始进行斗争的，在经历了几个阶段构成阶级后，才推翻封建主义和君主制度。同样，无产阶级反对资产阶级的斗争发展到一定阶段也必然形成自己的组织和政党。其次，建立独立的无产阶级政党是革命胜利的根本保证。马克思恩格斯认为，建立无产阶级自己的政党是工人阶级斗争的首要问题。资产阶级对劳动人民的统治，除了靠资本对劳动的剥削，还靠政治力量：军队、官僚和法庭。工人阶级要推翻资产阶级的强大统治，消灭雇佣劳动制度，建立新型国家，就必须组织起来，真正意识到本阶级的共同利益，形成独立政党，夺取政权，建立自己的政治统治。巴黎公社的经验表明，没有一个革命的政党，工人阶级就不可能夺取政权，即使夺取政权也不能保住政权。为此就需要开展政治斗争以准备和教育工人进行夺取政权的革命。"最好的办法就是在每一个国家里建立一个无产阶级的政党，这个政党要有它自己的政策，这种政策显然与其他政党的政策不同，因为它必须表现出工人阶级解放的条件"①。只有建立独立的无产阶级政党，才能独立地领导工人阶级进行政治斗争。有了独立的政党，就可以与资产阶级政党相抗衡，而不做资产阶级的尾巴。所以，在1871年9月第一国际伦敦代表会议明确指出，建立无产阶级独立政党是夺取无产阶级革命胜利的基本条件。再次，建立无产阶级政党也是坚持不懈地同各种非马克思主义思想进行斗争、确保马克思主义的指导地位和无产阶级运动正确方向的根本保证。

共产党是工人阶级的政党，共产党人是工人政党中最坚决的、始终起推动作用的部分。因为共产党由共产党人组成，所以共产党人也就是共产党，《宣言》中的这两个提法含义基本相同。关于共产党人的特点，《宣言》讲了3个方面：

第一，共产党人强调和坚持整个无产阶级共同的、不分民族的利益，代表整个共产主义运动的利益。所谓不分民族的利益，是因为无产阶级尽管生存于世界不同地区、不同国家，属于不同的民族，但他们的生活方式大体相同，受压迫、剥削的程度大体相同，因而形成了他们的一般的、共同的阶级利益和要求。无产阶级的其他政党有可能在不同的民族斗争中代表本民族的利益，

①　《马克思恩格斯文集》第3卷，人民出版社2009年版，第92页。

而它所代表的这个民族的利益未必是同无产阶级的阶级利益一致的。共产党人与这样的无产阶级政党不同，它所代表的利益是整个无产阶级共同的、不分民族的利益。

所谓代表整个运动的利益，是说无产阶级反对资产阶级的斗争因情况和条件的不同会出现不同的阶段，每一阶段的目的不同，而每个阶段的目的又是由那个阶段的利益所决定的，这就势必形成各个阶段利益的不同特点。各国的无产阶级政党不能不考虑每一个斗争阶段的利益，这在有时是必要的、正确的，但作为共产党人则应始终代表整个运动的利益。所谓整个运动不仅是指包括推翻资产阶级统治的各个阶段，而且包括推翻资产阶级统治后建设社会主义的全部过程。所谓代表整个运动的利益，也就是代表无产阶级的最终的、根本的利益，这就是推翻资产阶级统治，消灭剥削，消灭私有制，实现共产主义。共产党人应将各个阶段的利益与无产阶级运动的整个利益结合起来，绝不可因眼前的或某一阶段的利益而忘记或抛弃无产阶级的整个运动的利益。

第二，共产党人在理论上了解无产阶级运动的条件、进程和一般结果，在实践上是各国工人政党中最坚决的、始终起推动作用的部分。前者是共产党人胜过无产阶级群众的地方，也就是说，共产党人由于具有正确的思想武装和先进理论的指导，比起一般的工人群众，他们更了解无产阶级运动的条件、进程和一般结果，他们的活动和斗争少有盲目性，更有自觉性。后者是说共产党人在实践中应起先锋模范作用。无产阶级反抗资产阶级的斗争是人类历史上最后一场阶级之间的斗争，这场斗争不仅要消灭资产阶级和其他一切剥削阶级，而且要从根本上消灭将人民划分为阶级的基础和条件，因此斗争必然异常艰巨和激烈。共产党人是无产阶级队伍的中坚，在斗争的实践中，共产党人最坚决，就是说他们在任何情况下绝不动摇妥协；共产党人最先进，就是说他们始终是推动无产阶级其他部分前进的动力，是带动工人群众向前发展的先锋。

第三，共产党人始终关心共产主义运动的未来，为实现共产主义而奋斗。关心共产主义运动的未来与代表整个共产主义运动的利益是一致的。共产党人必须立足现实，任何时候都不应脱离实际。然而，立足现实是为了更有效地为实现美好未来而斗争，只有关心共产主义运动的未来，斗争才不会失去正确的方向。为实现共产主义而奋斗是共产党人的人生目的，也是最高尚的人生价值，共产党人应该为解放全人类而奋斗不止。以上这些特点在共产党人同无产阶级的关系上表现得更为显著。

共产党人同全体无产者的关系是怎样的呢？《宣言》第二章一开始就提出了这个问题，这是很有意义的。首先，《宣言》的公开发表标志着共产党的成立，但当时工人运动中其他党派并未因此而消失。这样就产生了共产党人同其他党派的关系。其次，共产党或共产党人既属于工人阶级，然而又不简单地就是普通的工人，更不是工人阶级的全都，而是工人阶级当中的先进分子。正是这个缘故，便产生出了共产党人同一般无产者的关系的问题。基于上述情况，《宣言》提出了 4 条原则：第一，共产党人不是同其他工人政党相对立的特殊政党。当时工人运动的党派情况是比较复杂的，《宣言》提出这一条是想表明：共产党是属于工人阶级的，是工人阶级的一部分。作为第一个向世界宣布自己的独立的《宣言》的政党——共产党并没有什么特殊的地方，工人运动中任何党派只要是真正代表工人阶级利益的，共产党人就与它联合，共同奋斗。共产党与其他工人政党是平等的，共产党人不唯我独尊，不凌驾于任何其他政党之上。第二，共产党人没有任何同整个无产阶级利益不同的利益。共产党人是最大公无私的。这一点决定了共产党的先进性和彻底性。共产党人没有私心、它是整个无产阶级的代表，既不可能、也没有必要拥有除工人阶级利益以外的其他利益。工人阶级的利益与以往一切阶级——不仅包括剥削阶级而且包括被剥削阶级的利益——都根本不同，在本质上是超阶级的，无产阶级不仅要解放自己，而且要解放全人类，因此，它的利益也就是全人类的利益。就是说，共产党人除了全人类的利益再没有其他的利益。这一原则的根本思想是，共产党人是为无产阶级和全人类谋利益，而绝不为个人牟取私利。这里要把共产党员个人也要具备一定的生活资料和生存条件同阶级利益区别开来。在资本主义社会中，在私有制存在的条件下，在劳动还是谋生手段的情况下，共产党员个人也要通过劳动去获得这些资料和条件，并保护这一切，这些资料或条件叫作个人利益。这种个人利益与共产党人代表无产阶级利益是不矛盾的，应该说无产阶级的阶级利益就包含着这样的个人利益，因为无产阶级斗争说到底，就是为了使包括无产阶级自身在内的整个人类的生存条件得到根本的改善。第三，不提出任何特殊原则来塑造无产阶级运动。以往所有的党派都是站在无产阶级之外，或站在无产阶级之上，企图用自己的思想去影响、改造无产阶级，都想把无产阶级运动纳入他们所设想的轨道。共产党人则不同，他们不是站在工人运动之外，用其他思想来指导工人运动的特殊的政党，他们与无产阶级融为一体，他们的思想就是工人阶级思想的理论化，他们不是无产阶级队伍中的一个宗派，他们就是无产阶级的一员。共产党人反对任何形式的宗派主义，始终维护工人运动的团结和统一。第四，共产党人强调和维护整个无产阶级的利益，代表整个工人运动的方向。所谓"整个无产阶级"，是说共产党人把全世界的无产阶级当作一个整体来看待，是不分国家和民族的。不论是什么地方，也不论是什么民族，只要那里无产阶级的利益受到侵害，共产党人就应挺身而出去加以维护，并同那里的无产阶级一起奋斗。这个原理充分体现了共产党人的国际主义精神。共产党人代表整个运动的方向，这个方向就是推翻资产阶级的统治，消灭私有制。每一个国家的工人阶级所处环境和条件是各不相同的，因而斗争的形式也一定会有这样那样的差异；由于斗争是分阶段的，每一个阶段的目标又各有区别，这些都是正常的。但不论情况如何特殊，斗争如何复杂，上述的整个运动的方向不能动摇，不允许有根本的叛离。如果丢掉了上述的方向，或从根本上叛离了上述方向，那么这种运动就不能叫作无产阶级运动，这样的党也就不能叫作共产党。

无产阶级政党要完成自己的历史使命，不仅需要正确的政治纲领和路线，而且需要正确的斗争策略。就政治纲领而言，包括：

其一，党的最近目的和最终目标。无产阶级的革命纲领即由无产阶级夺取政权，用生产资料公有制代替私有制，消灭阶级和阶级统治，可以概括为党的最近目的和党的最终奋斗目标。共产党的最近目的就是"使无产阶级成为阶级，推翻资产阶级的统治，由无产阶级夺取政权"。党的最终目标就是彻底消灭私有制，建立一个没有剥削、没有压迫、没有阶级和阶级对立的崭新的共产主义社会。其二，无产阶级专政。夺取政权实行无产阶级专政是资本主义灭亡和社会主义胜利的根本手段。要达到这样的目标，就必须"用暴力推翻资产阶级而建立自己的统治"，这是建立无产阶级专政的先决条件。共产主义社会不可能在资本主义社会内部形成。"在资本主义社会和共产主义社会之间，有一个从前者变为后者的革命转变时期。同这个时期相适应的也有一个政治上的过渡时期，这个时期的国家只能是无产阶级的革命专政。"①

就策略原则而言，包括以下3个方面。坚持当前利益和长远利益、局部利益和整体利益相结合的原则。共产党人要立足于现实，着眼于未来，一方面，共产党人要积极参加当前的运动，领导工人阶级为实现自己的现实要求而斗争；另一方面，共产党始终要记住当前运动的目的是为了实现自己的最终目标——无产阶级的彻底解放，否则，斗争就会偏离方向。所以，把当前利益和长远利益、局部利益和整体利益结合起来，把完成当前的任务当作实现最终目的的手段，坚持原则的坚定性和策略的灵活性相结合，是共产党人革命运动的根本策略。坚持无产阶级政党的独立

① 《马克思恩格斯文集》第3卷，人民出版社2009年版，第445页。

性与联合其他政党相结合的原则。无产阶级政党必须保持自己的独立性，对于无产阶级的立场、观点和利益问题要能够独立地进行讨论，而不受资产阶级影响；无产阶级政党为了完成不同历史时期的革命任务，反对主要敌人，需要联合一切可能联合的同盟者。坚持无产阶级国际主义原则。消灭私有制，实现共产主义是一项十分艰巨的任务。完成这项任务，全世界无产阶级的联合和团结是必不可少的条件。"劳动的解放既不是一个地方的问题，也不是一个民族的问题，而是一个社会问题，它涉及所有存在着现代社会的国家，它的解决有赖于最先进各国在实践上和理论上的合作"[①]。

马克思恩格斯在改组共产主义者同盟过程中，创立了共产党的组织原则和组织形式——民三制，并在第一国际时期丰富和发展了这一制度。主要包括：（1）代表会议制和委员会制。党的组织形式由支部、区部、总区部、中央委员会和代表大会构成。支部是基层组织；区部、总区部是党的一定地区的权力执行机关；中央委员会是权力执行机关；代表大会是立法机关和最高权力机关。（2）选举制。每个党员都有选举权和被选举权，各级组织和领导人员定期由选举产生，选举考可以随时撤换领导人员。集体领导和少数服从多数原则。党实行委员会制和代表会议制，一切党内事务由成员或代表来处理，有关党的重大问题要提交全体党员讨论议决，集体讨论，集体决定，实行少数服从多数的党内生活根本原则；权利与义务相统一的原则。党员之间是平等关系，

---

① 《马克思恩格斯全集》第 21 卷，人民出版社 2003 年版，第 16 页。

在享受权利和履行义务上，所有党员一律平等，党内不允许有只享受权利而不履行义务的特殊党员，也不能允许一部分党员只履行义务而不享受权利。党的纪律、党的活动要公开，代表大会的宣言要向社会发布，党的组织条例和代表大会的决议具有法律效应，党员必须遵守。党员要经常同组织保持联系，接受组织的领导。党员的条件。在思想上，党员必须了解无产阶级革命的条件、发展道路和最终目的，积极宣传马克思主义；在政治上，不参加任何反对共产主义的组织和团体，具有坚定不移的信念；在组织上，必须承认党章，与基层组织保持联系，定期缴纳党费，无条件地服从党的决议，保守党的秘密；在作风上，生活方式和活动必须符合党的目的，处处为本阶级群众作出表率。上述组织原则和制度，是各国无产阶级政党共同遵守的准则。

第四节　关于未来共产主义社会的设想

对于共产主义，马克思恩格斯并没有在《宣言》中进行详尽的规划，原因在于他们早就认为："共产主义对我们来说不是应当确立的状况，不是现实应当与之相适应的理想"。[①] 马克思恩格斯坚持科学的立场和方法，立足于人类社会发展规律，在批判旧世界中科学地发现和预见作为新世界的未来共产主义的方向和原

---

① 《马克思恩格斯选集》第 1 卷，人民出版社 1995 年版，第 87 页。

则，因此只是对它的一般特征进行描述。这也是他们与热衷于对未来社会进行想象和描述的空想社会主义者的根本区别。无论是16世纪的莫尔、闵采尔和17世纪的维拉斯、温斯坦莱，还是18世纪的摩莱里、马布利、巴贝夫和19世纪的圣西门、傅立叶、欧文、布朗基等，所有这些空想社会主义者的代表人物，对于未来理想社会中的一切，包括各种细节特征，如社会人员的组成、人们劳动时间长短的规定、城市的布局、建筑物墙壁上的图案等等，都做出了具体而详尽的安排和设想。因此，他们的理论之所以是空想的而不是科学的，恰恰就在于他们把描绘共产主义当作自己的主要任务，进而致力于对其作出细致的勾勒。因而这种方法论上的错误就成为他们理论的致命伤。

马克思恩格斯正是看到了他们理论的这一缺陷，所以二人只是在对资本主义社会及其发展趋势的研究中，对未来社会的发展方向、原则和基本特征予以了说明。至于未来社会的具体情形，住院病人认为应该由以后的实践来解答。这种态度在马克思回答有人提出革命成功后应采取什么措施的问题时显示得很清楚。马克思认为，这个问题"提得不正确"。他对此讲道："现在提出这个问题是不着边际的，因而实际上是一个幻想的问题，对这个问题的唯一的答复应当是对问题本身的批判。"因为"在将来某个特定的时刻应该做些什么，应该马上做些什么，这当然完全取决于人们将不得不在其中活动的那个既定的历史环境"①。

虽然马克思恩格斯对他们所期望的未来社会从未进行过详细

---

① 《马克思恩格斯选集》第4卷，人民出版社1995年版，第643页。

探讨，但他还是在一些著作中对其进行了展望并阐述了它的本质特征，这些内容在《宣言》中也有所体现。在马克思恩格斯看来，共产主义社会从总体上说是一个彻底消灭包括资本主义私有制在内的一切私有制、扬弃个人受资本的抽象统治的异化状态、生产力高度发展、物质财富极大丰富、完全实现人的自由、解放和人的全面发展的社会。

早在《1844 年经济学哲学手稿》中马克思对共产主义的本质特征就作出过说明："共产主义是私有财产即人的自我异化的积极的扬弃，因而是通过人并且为了人而对人的本质的真正占有；因此，它是人向自身、向社会的合乎人性的复归，这种复归是完全的，自觉的和在以往发展的全部财富的范围内生成的。这种共产主义，作为完成了的自然主义 = 人道主义，而作为完成了的人道主义 = 自然主义，它是人和自然界之间、人和人之间的矛盾的真正解决，是存在和本质、对象化和自我确证、自由和必然、个体和类之间的斗争的真正解决。它是历史之谜的解答，而且知道自己就是这种解答。"马克思在此时意识到，私有财产的存在使人丧失了自己的本质处于异化状态，而在私有财产得到废除的共产主义社会，无论在主体方面还是客体方面，感觉和特性都由异化的状态变成了人的感觉和特性，因而使人彻底扬弃片面畸形的异化发展状态，使人的一切感觉和特性都得到彻底的解放，使人成为全面占有自己本质的真正的人。"对私有财产的积极的扬弃，就是说，为了人并且通过人对人的本质和人的生命、对象性的人和人的作品的感性占有，不应当仅仅被理解为直接的、片面的享受，不应当被仅仅理解为占有、拥有。人以一种全面的方式，就是说，作为一个总体的人，占有自己的全面的本质。"因此，共产主义社会创造着合乎人的本质的、全面丰富的人。虽然马克思此时对共产主义本质的理解还受到传统人道主义的影响，带有思辨哲学的痕迹，但他已经朦胧地意识到共产主义所具有的同以往社会完全不同的"经济的性质"，这种经济性质的本质就是：以彻底消灭私有财产的公有制为基础，对作为资本主义私有制核心的资本的完全扬弃。马克思认为，只有这样做，个人才能彻底摆脱异化，摆脱受抽象统治的生存状态。因此，对资本乃至全部私有制的扬弃就成为马克思在产生共产主义理论以后一贯坚持的立场。从这种立场出发，马克思对把共产主义限定在私有财产的关系范围内的各种不成熟的共产主义思想予以了严厉的批判。在马克思看来，当时存在的各式各样的但在基本立场上都认为共产主义并不否定私有财产的共产主义派别和共产主义思想，大体上主要可以分为两种类型：一种是粗陋的共产主义，另一种是民主的或专制的具有政治性质的共产主义和废除国家的、未完成的共产主义。

对于粗陋的共产主义，马克思分析道，它的主张实质上并不是废除私有财产，而是对私有财产关系的"普遍化和完成"。这种共产主义理论从根本上说，只是人的嫉妒心和平均主义欲望的体现，而并不要求对私有财产的积极扬弃和真正占有。它"不过是想把自己设定为积极的共同体的私有财产的卑鄙性的一种表现形式"。它的核心和灵魂是平均主义即对私有财产的平均占有。

这种观点实际上显示出了当今世界物质财富对人的强大统治所产生的影响。这种影响之巨大，以致于人们在设想共产主义时也会认为，生活和生存的唯一目的就是对物质财富的直接占有，不能被所有人作为私有财产占有的一切，如才能等都应该用强制的手段消灭和抛弃。

粗陋的共产主义认为，私有财产的关系仍然是共同体同实物世界的关系，人由于平均地占有了私有财产而具有共同性，这种共同性体现在，工人这个规定在共产主义并没有被取消，而是被推广到一切人的身上。在这种条件下，劳动具有共同性，作为普遍的资本家的共同体的共同资本所支付的工资也具有平等的共同性。劳动和资本作为关系的两个方面"被提高到想象的普遍性：劳动是为每个人设定的天职，而资本是共同体的公认的普遍性和力量"。这种用普遍的私有财产来反对私有财产的运动，是用反对婚姻的、把妇女变为公有的、共有的公妻制这种动物式的形式表现出来的。马克思对此批判说："公妻制这种思想是这个仍然十分粗陋的和无思想的共产主义的昭然若揭的秘密。正像妇女从婚姻转向普遍卖淫一样，财富——人的对象性的本质——的整个世界，也从它同私有制的排他性的婚姻的关系转向它共同体的普遍卖淫关系。这种共产主义——由于到处否定人的个性——只不过是私有财产的彻底表现，私有财产就是这种否定。"因此，这种共产主义是对整个文化和文明世界的抽象否定，它不仅没有超出私有财产的水平，还由于非自然的、简单状态的倒退，甚至从来没有达到私有财产的水平，而这恰恰证明了私有财产的这种扬弃绝不是简单的占有。

对于第二种共产主义理论，马克思认为是处于私有财产即人的异化影响下的共产主义理论。它所包括的民主的或专制的具有政治性质的和废除国家的、未完成的两种形式的共产主义，与粗陋的共产主义比较而言，其进步性在于"已经认识到自己是人向自身的还原或复归，是人的自我异化的积极扬弃"，它试图通过对政治和经济的变革来实现自身。但它同样也具有局限性，这种局限性是由于它"没有理解私有财产的积极的本质，也还不了解需要所具有的人的本性，所以它还受私有财产的束缚和感染。它虽然已经理解私有财产这一概念，但是还不理解它的本质"。正是由于这种局限性，使得民主的或专制的具有政治性质的和废除国家的、未完成的共产主义或是处于与私有财产抽象对立的状态，或是处于私有财产所造成的异化范围之内，从而仍然没有彻底摆脱私有财产。

所以，马克思指出，上述这两种类型的共产主义都是不成熟的理论。而理论总是与现实相对应的，不成熟的共产主义理论正是由不成熟的资本主义所造成的。共产主义在被马克思提出来以前，以其命名的各种思潮之所以是苍白无力和幼稚的空想学说，原因就在于社会条件发展得不够成熟。这正如马克思所提到那样："在无产阶级尚未发展到足以确立为一个阶级，因而无产阶级同资产阶级的斗争尚未带政治性以前，在生产力在资产阶级本身的怀抱里尚未发展到足以使人看到解放无产阶级和建立新社会必备的物质条件以前，这些理论家不过是一些空想社会者，他们为了满足被压迫阶级的需求，想出各种各样的体系并且力求探寻一种革新的科学。"对此，恩格斯也说道，由于那时的经济关系还不发达，而且解决社会问题的办法隐藏在其中，因此只有从头脑中产生出来。社会所表现出来的只是弊病，人们认为思维着的理性能够承担消灭这些弊病的任务。所以"这种新的社会制度一开始就要注定要成为空想的，它越是制定得详细周密，就越是要陷入纯粹的幻想"。也就是说，只有在资本主义发展到一定阶段以后，科学的共产主义理论才有可能形成。

对于共产主义社会具有彻底消灭私有制的这种性质，马克思在后来的学说中都予以了强调。他在《德意志意识形态》中指出："共产主义和所有过去的运动不同的地方在于：它推翻了一切旧的生产关系和交往的关系的基础，并且破天荒第一次自觉地把一切自发产生的前提看做是先前世世代代的创造，消除这些前提的自发性，使它们受联合起来的个人的支配。"在马克思看来，共产主义对旧的生产关系的消灭，主要是通过无产阶级夺取政权的革命来完成的。这种革命同过去革命的根本区别就在于：过去的一切革命的最终结果不过是生产资料私有权在社会成员之间进行重新分配，而共产主义是对整个私有制的消灭，是对任何阶级的统治和阶级本身的消灭，即消灭旧有的经济关系和政治关系。

在消灭了生产资料私有制后，共产主义成为了无阶级的社会，联合起来的个人对整个社会进行支配，人对人的剥削、压迫和统治将消失，旧式的、造成人的自我异化的分工也将不复存在，存在的只是不同的生产领域、生产部门的分工，人们不会为了维持生存而被迫终身束缚在强加于他们的某种固定的职业上。"任何人都没有特定的活动范围，每个人都可以在任何部门内发展，社会调节着整个生产，因而有可能使我随我自己的心愿今天干这事，明天干那事，上午打猎，下午捕鱼，傍晚从事畜牧，晚饭后从事批判，但并不因此就使我成为一个猎人、渔夫、牧人或批判者。"劳动由外在的强制性活动转变成人的真正的自由自主的活动。每个个人的活动不再作为某种异己的力量同他们相对抗。每一个人的体力、智力、才能和天赋都将会得到充分、全面、自由的发展。

在此意义上，马克思把共产主义在这里称为"真实的集体"，并认为在真实的集体中存在的人是"有个性的个人"。所谓"有个性的个人"，马克思是在与"偶然性的个人"对立的意义上使用的。"偶然性的个人"是指处于这样一种交往形式下的个人，这种交往形式不再是个人自主活动的条件，因而它对于个人或者个人对于它变成了偶然的东西。在马克思看来，资本主义社会中存在的个人就是这种"偶然性的个人"。在资本主义社会里，个人的存在具有偶然性，是因为他们的生活条件对他们来说是偶然的。"个人生活条件的偶然性，只是随着那个自身是资产阶级产物的阶级的出现才出现的。只有个人相互之间的竞争和斗争才产生和发展了这种偶然性"。虽然个人在资本主义社会中的存在与个人在以前社会形态中的存在相比较，在形式上似乎要自由，处于一种自由状态，但在实质上并不是处于真正的自由状态。这是由于资本主义社会中存在的个人，处于与交往形式不相适应、不相协调的条件下，交往形式对于个人来说是外在的偶然的东西，个人要受到外在存在物的力量的支配和制约，无法掌控自己的命运和实现自己的个性，因而个人事实上也因以这种交往形式为存在对象变成了不自由的偶然性的个人。

"有个性的个人"则是指具有活动的自主性、能够掌控自己命运的人。这种个人与"偶然性的个人"相比较，是在完全不同的另一种情形下存在的个人。在这种情形下，交往形式在一定程度上构成了个人自主活动的条件，这种条件是与他们的个性发展相适应的。这样的人只有在共产主义社会中才存在，因为在共产主义社会里，每个人都生活在真实的而非虚假的联合体内，这种联合把个人自由发展的条件置于他们的控制之下，从而避免外在力量的控制和支配。"在真实的集体的条件下，各个个人在自己的联合中并通过这种联合获得自由。"

这种实现"有个性的个人"存在的真实的联合体和真正的共同体，被马克思称为"真实的集体"。马克思的真实的集体的原型是"真正的共同体"，在1844年马克思曾指出："那个离开了个人就会引起他反抗的共同体才是人的真正的共同体"。他把共产主义称为"真实的集体"的原因在于，他认为共产主义社会以前的包括资本主义社会在内的一切社会，由于个人在其中不能获得全面发展才能的手段和自由，因而使个人成为"偶然性的个人"，因此这些社会都不是能够实现个体的个性和独立性的"真实的集体"，而只是与"真实的集体"相对立的"虚假的集体"。在马克思看来，这些"虚假的集体"对"个人的自由发展"具有局限性。他指出："从前各个个人所结成的那种虚构的集体，总是作为某种独立的东西而使自己与各个个人对立起来；由于这种集体是一个阶级反对另一个阶级的联合，因此对于被支配的阶级来说，它不仅是完全虚幻的集体，而且是新的桎梏。"这种"虚假的集体"将被一种具有特殊性质的"联合体"即共产主义所取代。这种"联合体"与历史上曾经出现过的"集体"是全然不同的取代阶级和阶级对立的"真实的集体"。

在《德意志意识形态》中被称为"真实的集体"的未来共产主义社会，也被马克思在后来的许多重要著作中作出过表述。在《共产党宣言》中，作为"真实的集体"的未来共产主义社会被明确地规定为：是在消灭私有制、同传统所有制关系实行最彻底的决裂的基础上，建立的"一个以各个人自由发展为一切人自由发展的条件的联合体"。国家消亡以后，"代替那存在着阶级和阶级对立的资产阶级旧社会的，将是这样一个联合体，在那里，每个人的自由发展是一切人的自由发展的条件"。这个思想非常重要，可以说，它是马克思、恩格斯科学社会主义学说的精髓，也是他们所向往的人类发展的最高境界，这就是未来的共产主义社会。

共产主义社会是自由人的联合体。这是什么意思呢？第一，在共产主义社会里，已经没有私有财产，没有阶级存在，因而也就不存在压迫和剥削，每一个人都将获得完全自由的发展。这与以往任何社会（原始共产主义社会除外）都不同。在以往各种社会形态中，一些人的发展总是以牺牲另一些人甚至绝大多数人的发展为前提，一些人的自由是建立在另一些人受压迫的基础上的。

因此，在共产主义社会中，每个人的自由发展并非是每个人可以随心所欲、任意而为，每个人的自由不能妨害他人的自由。这种自由的实现是以高度共产主义道德水准为保障的。第二，在共产主义社会，社会物质财富极大丰富，精神文化高度发展，为每个人的自由发展既提供了必要的物质条件，又提供了必要的精神条件，从而使得每个人的自由发展能成为现实。第三，到了共产主义社会，由于文化和科学的高度发展，人们已经不再是必然王国的奴隶，而成了自由王国的公民（当然是相对的），每个人不仅是自己社会的主人，并且将成为自然界真正的主人。人们的活动不再是盲目的，而是自由和自觉的。在共产主义社会，每个人仍然是社会的人，应该说，每个人更加不能脱离社会而存在，更具有社会性，但他已不具有政治性和阶级性。由此可见，人的自由发展和才能展示绝不能在社会之外获得。

共产主义的自由人的联合体不是由人们的想象随便建立的，而是生产和科学发展的必然结果。马克思、恩格斯指出：建立共产主义实质上具有经济的性质，生产力的发展是共产主义必需的实际前提。只有通过生产力的发展，才能为这种联合创造各种物质条件，才能把现存的条件变成联合的条件。

第五节　共产党人的斗争策略

马克思、恩格斯充分考虑到当时工人运动的实际状况，鉴于欧洲工人运动中存在着并不完全一致的各种派别，如何对待它们，如何同它们合作，就成了刚刚成立的党的一个迫切需要解决的问题。也就是说，制定正确的斗争策略，是共产党人所面临的重大问题。制定党的斗争策略应遵循什么样的原则？《宣言》首先对这个问题作了研究和规定。

首先，共产党人到处支持一切反对现存的社会制度和政治制度的革命运动。马克思、恩格斯认为，共产党人应根据具体的历史条件和各国的实际情况，对于那些不同于共产党的派别和政党采取相应的政策和策略。一个基本的原则是支持一切反对现存的社会制度和政治制度的革命运动。因为当时欧洲社会制度不是封建主义就是资本主义，都是剥削阶级统治的政治制度。所以，只要是反对这种制度的斗争，都会在不同程度上有利于无产阶级。可是这个原则的具体运用却并不简单，因为在当时的社会中存在着多种反对势力，情况比较复杂，需要共产党人正确地去处理。《宣言》分析了当时欧洲几个主要国家的情况，并提出了共产党人应采取的政策与策略。

在法国，共产党人应同当时的社会主义民主党联合起来反对保守的和激进的资产阶级。法国社会主义民主党本质上是代表小资产阶级利益的，它在议会中的代表是赖德律·洛兰，在著作界的代表是路易·勃朗，在新闻方面的代表是《改革报》。"社会主义民主党"这个名称在它的发明者那里是指民主党和共和党中或多或少带有社会主义色彩的一部分人（同后来的德国社会民主党是根本不同的）。这些人提出"民主社会共和国"的要求，反对代表大资产阶级利益的保守派和"激进的资产阶级"。这在当时是有进步意义的，所以《宣言》提出共产党人应同这个党派联合。但《宣言》同时指出，共产党应对他们所散布的空谈和幻想进行必要的批判和斗争。

在瑞士，共产党人应支持资产阶级激进派，支持他们对封建贵族和僧侣的反动势力进行的斗争。但要注意到这个政党成分的复杂性，其中一部分是法国式的民主社会主义者，一部分是激进的资本主义者。

在波兰，共产党人要支持把土地革命当作民族解放条件的政党，即发动过 1846 年克拉科夫起义的政党。因为这个政党主张民族独立，1846 年 2 月在奥地利、普鲁士和俄国共管的克拉科夫发动过起义并取得了胜利，建立了国民政府，发表了取消封建义务的宣言，主张实行民主改革和土地革命，后遭镇压而失败。由于克拉科夫起义的政党有过这段历史，所以共产党人给这样的政党以支持。

在德国，《宣言》提出，共产党人把自己的主要注意力集中在德国，这是因为德国正处在资产阶级革命的前夜。这是指在 19 世纪 30 年代到 40 年代，德国的资本主义发展迅速，而当时的德国在政治上还是一个四分五裂的封建专制国家（全国分为 32 个小邦），资本主义的发展迫切要求推翻封建专制统治，实现国家的统一，为资本主义的发展扫清道路。因此在德国，共产党人要支持德国资产阶级的革命行动，同它一起去反对专制君主制、封建土地所有制和小市民的反动性。这场革命的性质尽管是资产阶级民主革命，但由于它是在整个欧洲文明更加进步、德国拥有不断发展壮大的无产阶级的条件下进行的，所以这场革命会发展成为无产阶级革命的序幕。按照《宣言》作者当时的设想，"德国工人能够立刻利用资产阶级统治所必然带来的社会的和政治的条件作为反对资产阶级的武器，以便在推翻德国的反动阶级之后立即开始反对资产阶级本身的斗争"。现在看来，共产党人要支持德国的资产阶级革命这点是正确的，但这个革命并未发展成德国的无产阶级革命。《宣言》作者的这个思想未能成为现实。

从以上所述不难看出，虽然上面这些国家的政党或派别的主张和所进行的斗争，有些带有小资产阶级的色彩，有的属于资产阶级民族民主革命的性质，但是它们都能为无产阶级的社会主义革命扫清道路和创造条件，所以共产党人应该对它们持支持的态度，在支持的同时不忘同它们的错误思想和理论作必要的斗争。

《宣言》这部分内容常常被研究者和学习者所忽视，以为这里不过是讲了当时欧洲几个国家斗争的具体情况。但绝不能因此而忽略《宣言》在方法论意义上给人的启示。事实上，任何一个国家的社会实际都是非常复杂的，阶级与阶级之间、一个阶级内部各个阶层之间，从来就不是隔绝无关的，恰恰相反，它们有着极为复杂的联系。因此，它们之间的矛盾和斗争也必然呈现出纷繁杂乱的状态。共产党人对此必须要有正确的、清醒的认识，才能制定出正确的斗争策略。把一切可能团结的力量尽可能地团结起来，去反对最主要的敌人，这是共产党人最重要的策略原则。只有这样，才能使得无产阶级的斗争得到发展和胜利。

其次，共产党人不放弃自己的原则立场和长远目标。共产党人在联合其他党派进行反对现存政治制度和社会制度的斗争中，不放弃自己的原则立场和长远目标；在为工人阶级最近的目的和利益而斗争时，不忘记代表运动的未来。所谓原则立场，在《宣言》的时代，是指共产党人不能放弃阶级斗争，不能放弃用革命的手段推翻资产阶级剥削制度和一切剥削制度；所谓长远目标和运动的未来，是指推翻资本主义社会制度，建立无产阶级专政，消灭私有制，消灭阶级，实现共产主义。

反对机会主义。在国际工人运动中，是不是坚持上述原则和长远目标，是真正的共产党人与机会主义者的分水岭。恩格斯逝世以后，伯恩斯坦起来反对马克思、恩格斯在《宣言》中所提出的原则和目标，提出"运动就是一切，最终目的算不了什么"。机会主义的根本错误在于，不懂得共产主义既是最理想的人类社会形态，更是一种运动过程，是通过若干有着内在联系的阶段最终才能达到的社会，而每一阶段都与最终目标有联系，如果取消最终目标，阶段的运动将毫无意义。列宁为捍卫马克思主义，对伯恩斯坦进行了严肃的批判和斗争，指出："临时应付、迁就眼前的事变，迁就微小的政治变动，忘记无产阶级的根本利益，忘记整个资本主义制度、整个资本主义演进的基本特点，为了实际的或假想的一时的利益而牺牲无产阶级的根本利益——这就是修正主义的政策。"列宁的这些话在今天仍有重大现实意义。当今国际共产主义运动处于低潮，对于世界共产党人来说，能否在运动中坚定共产主义目标成了一块试金石。苏联解体以后，世界上有些共产党人对共产主义失去信心，甚至认为共产主义永远不能实现，他们改变共产党的性质，以适应国内、国际资产阶级的需要，这就是机会主义在现代的表现。

在艰巨复杂的斗争中坚持共产主义目标。如我们在前面已经指出的，《宣言》对于实现共产主义的艰巨性和长远性认识不够，估计不足。现在看来，实现共产主义这一目标是一个相当长远的、艰巨的历史过程，在这个过程中，情况是极其复杂的，作为共产党人不论面临怎样复杂的情形，都必须坚持共产主义这一最终的目标。

为实现共产主义而斗争的复杂性在今天表现为两种情形：第一，当今世界的阶级斗争和无产阶级革命与150多年前相比，已经发生了巨大的变化，阶级斗争虽仍然存在，但形式已经与前大不相同；无产阶级推翻资本主义制度的斗争仍然存在，但斗争的形式和革命的方式，也因情况的改变而发生了新的变化。其中最突出的一点是，在当今的历史条件下无产阶级如何通过暴力推翻资产阶级的统治。在过去这似乎是一个不成问题的问题，事实上认真思考起来这个问题远未解决。第二，复杂性还表现在，已经取得无产阶级革命胜利的国家如何巩固和发展社会主义的问题长期以来也未得到很好的解决。从历史的经验教训来看，社会主义革命并非是同时在主要资本主义国家取得胜利，而是在帝国主义最薄弱的环节和生产力落后但矛盾极其尖锐的国家和地区首先取得胜利，已经夺取政权的无产阶级仍然处于资本主义的包围之中，面临着一个如何巩固和建设社会主义的问题，这个问题解决不好，无产阶级政权和斗争所取得的其他成果仍然有可能丧失。实践告诉我们，不同国家在通向社会主义的道路上会面临不同的复杂情况，例如我国就处于并将长期处于社会主义的初级阶段。但尽管存在以上复杂情形，《宣言》所提出的原则仍然没有过时。就是说，作为共产党人，不论斗争的形势发生了什么样的变化，无产阶级的生活状况发生了什么样的改变，通向共产主义的道路怎样复杂，都不能丢弃实现共产主义这一最终目标。因为所有这一切都不能代替彻底消灭私有制、彻底消灭阶级、真正解放全人类的最终目标。越是在复杂的情况下，共产党人越要坚持自己的奋斗目标。有人将此视为迂腐，这是非常错误的论调。如果实现共产主义非常简单和便易，那还需要人们去坚持吗？为实现共产主义而奋斗还值得人们景仰吗？

再次，共产党人到处都努力争取全世界民主政党之间的团结和协调。必须建立广泛的革命统一战线。共产党人同全世界民主政党的团结和协调，实质就是一个建立广泛的革命统一战线的问题。因为资产阶级是强大的，无论在英国还是在法国抑或其他资产阶级统治的国家，他们都掌握着强大的国家机器。共产党人必须在每一个斗争时期把一切反对资产阶级统治的力量团结和联合起来，共同战斗，才能取得最终的胜利。因此，建立广泛的统一战线是非常必要的。从我国革命的实践来看也是这样，没有广泛的革命统一战线，中国革命就不能成功。所以，中国共产党把革命统一战线当作取得革命和建设胜利的一大法宝。过去是如此、现在和将来仍然如此。

　　《宣言》明确了建立统一战线策略原则，这就是在统一战线中，共产党人一定要坚持自己的独立性。这个思想在《宣言》中是这样表述的："共产党一分钟也不忽略教育工人尽可能明确地意识到资产阶级和无产阶级的敌对的对立。""在所有这些运动中，他们都强调所有制问题是运动的基本问题，不管这个问题的发展程度怎样。"这就是说，在反对资产阶级斗争的各个阶段，不论其他政党或派别抱有何种目的和要求，共产党人的上述目的和要求绝不能放弃，也不应有丝毫的改变。只有这样，在统一战线中共产党人才能保持自己的特色。或者说，只有保持自己的特色，共产党人才能坚持在统一战线中的独立性。

　　在统一战线内部，矛盾和斗争是不可避免的。在同激进的资产阶级或小资产阶级一起反对封建制度和封建贵族的斗争中，由于各自利益和最终目标的不同，常常会出现资产阶级不顾无产阶级的利益向封建贵族妥协的倾向，在斗争获得成功后反过来镇压无产阶级，或者可能害怕斗争而发生动摇，鼓吹无原则的让步，等等。对于所有这些错误都必须进行有理、有利、有节的斗争。只有坚持正确的斗争，统一战线才能得到扩大和巩固。

　　最后，《宣言》号召全世界无产者联合起来。《宣言》指出："让统治阶级在共产主义革命面前发抖吧！无产阶级在这个革命中失去的只是锁链，他们获得的将是整个世界。"

第六节　对于共产党人原理污蔑的驳斥

鉴于当时资产阶级对共产党人的诬蔑以及一些人的误解，《宣言》在重申共产党人原理的同时，对当时污蔑共产党人的各种观点进行了分析和批驳。

其一，资产阶级指责共产党人消灭私有制，说共产党人要"共产共妻"。这究竟是怎么回事呢？这里先说"共产"。所谓共产，对于把生产资料建立在剥削和雇佣劳动基础上的私有者来说，无异于灭顶之灾；然而对共产党人来说，这不过是把本属于社会，而被资本家个人霸占的财产归还社会，变成社会的公共财产。资产阶级把这说成是要消灭个人挣得的、自己劳动得来的财产。《宣言》对此进行了严正驳斥，指出所谓个人挣得的、自己劳动得来的财产，如果是指资产阶级财产出现以前的那种小资产阶级和小农的财产，那么，这种财产用不着共产党人去消灭，工业的发展已经把它消灭了，并且每天都还在消灭它，即工业的发展。资产阶级竞争的发展，在不断地消灭小资产阶级和小农，使他们变成无产者。至于工人占有的只是自己的劳动力，从来就没有自己的私有财产，当然也就无从消灭。因为不能消灭本来就没有的东西。共产党人要消灭的只是资产阶级的所有制，是资本家剥削雇佣劳动得来的财产。共产主义并不剥夺任何人占有社会产品维持自身生存的权力，它只剥夺利用这种占有去奴役他人和剥削他人劳动的权力。

废除私有制、建立公有制是无产阶级的历史使命。但这里特别要指出的是，废除私有制是一个长期的过程。恩格斯在回答能不能一下子就把私有制废除这个问题时指出："正像不能一下子就把现有的生产力扩大到为实行财产公有所必要的程度一样。因此，很可能就要来临的无产阶级革命，只能逐步改造社会，只有创造了所必需的大量生产资料之后，才能废除私有制。"由此不难看出，废除私有制必须依赖无产阶级革命，依赖革命后建立起来的政权；但从根本上讲，废除私有制不是靠政权的力量或行政手段，而是有赖于生产力的发展，创造出大量的生产资料，这才是废除私有制最根本的基础和前提。这个思想是很有启发性的。在以往很长一段时期中，许多国家的共产党人在生产力还很不发达的情况下，指望靠行政命令强行实现纯而又纯的公有制，结果造成许多失误，非但未能促进生产力的发展，反而使生产力遭到破坏，不是推进了而是延误了实现财产公有的进程。关于"共妻"问题我们留待后面去分析。

其二，资产阶级最不能容忍的是共产主义革命要剥夺他们的财产，即没收他们的资本，这似乎太野蛮。为了澄清这种错误认识，《宣言》对资本进行了分析，指出资本是集体的产物。资本不是一种个人的力量，而是一种社会的力量，资本不仅是一种财产，更是一种社会关系，资本是资本家剥削雇佣劳动得来的财产，没有雇佣工人的劳动就绝不会有资本，是资本家剥夺了本属于社会的财产并将其据为己有。共产党人把资本变为公共的、社会的财产，变成社会全体成员的财产，这并不是把个人财产变为社会财产，而是把本来就属于全体社会成员的财产归还于社会，是剥夺剥夺者。这里所改变的只是财产的社会性质，财产将失去它的阶级性质。

这一点，从雇佣劳动方面来看就更加清楚了。与资本对立的是雇佣劳动。在资本主义社会里劳动力成了商品，雇佣劳动的价格是最低限度的工资，即工人为维持其生命再生产所必需的生活资料的数额。这种占有不会留下任何剩余的东西使人们可以支配别人的劳动，即成为剥削别人的资本。因此，剥夺剥夺者，消灭私有制，对于工人阶级来说，失去的只是锁链，得到的将是整个世界。《宣言》指出："在资产阶级社会里是过去支配现在，在共产主义社会里是现在支配过去。"这是说在资本主义社会里，雇佣工人的劳动只是资本家增殖已经积累起来的资本的一种手段，或者说，人们是为了增加、扩大已经存在的资本而活动，人们的活动以这个"已经存在"（即过去）为目的，被这个"已经存在"所决定，所以说是过去支配现在。到了共产主义社会，劳动力不再是商品。人们通过劳动生产出来的产品，即已经积累起来的劳动只是为了扩大、丰富和提高工人的生活，而且人们的一切活动完全就是为了这个唯一的目的；正是这个唯一的目的，决定了人们对已经积累起来的劳动如何使用和支配。这就是现在支配过去。由此可见，在不同性质的社会中，劳动的性质也是完全不同的。在资本主义社会中，雇佣劳动是资本增殖的工具，这一点充分说明资本不能脱离雇佣劳动而存在，资本是特定社会的产物，实际上体现了资本主义社会中剥削和被剥削的关系；一旦这种关系消失，劳动的性质就将发生根本的改变。而这种关系的消失必须以剥夺剥夺者为前提。

其三，资产阶级把消灭资本主义的私有制说成是消灭个性与自由。《宣言》对自由、个性作了具体的分析。

马克思、恩格斯在《德意志意识形态》一书中指出，资产阶级思想家存在一个明显的错误，即他们先把私有财产同个人等同起来，然后把私有财产同人（一切人）的个性等同起来，然后得出结论说，共产主义消灭私有财产就是消灭人的个性。资产阶级所讲的个性是建立在私有制和剥削基础上的，在资产阶级生产关系内只适用于资产阶级自身。资本主义制度一方面破除了封建制度中那种人与人之间的依附关系，特别是打破了人对土地的依赖，这对个性的解放和人的自由是一大进步；但另一方面，资本主义制度使人的个性和自由被物、资本和金钱所掩盖和限制，"它使人和人之间除了赤裸裸的利害关系，除了冷酷无情的'现金交易'，就再也没有任何别的联系了"。所谓个性就是资产阶级的自私自利性；所谓自由就是自由贸易，自由买卖，自由地占有雇佣工人的劳动，这都是资产阶级的事。对于工人阶级来说，它除了出卖劳动力的自由，别的任何自由都没有。《宣言》明确宣布，对于这样的自由和个性，无产阶级的确要消灭它们。

但消灭资产阶级的个性和自由绝不是不要人的个性和自由，恰恰相反，这是为了把人从资本主义制度的压迫下解放出来，使人成为真正有个性、有自由的人。资产阶级及其思想家不知道或根本不愿意承认资产阶级以外的自由，常常把自由抽象化、一般化，把他们一个阶级的自由说成是所有人的自由。诚然，资产阶级的自由理论在历史上曾经起过巨大的进步作用，是摧毁封建专制主义的有力武器。但这种自由理论存在明显的缺陷，这就是它的虚假性。他们不是从现实的、具体的人出发，而是从抽象的人出发；不讲生活于现实社会中的具体的人的自由，不讲自由的基础和内容，他们讲的自由是空洞的。资产阶级思想家鼓吹自由是人的本性。人生而自由，到处施舍自由的空头支票，迷惑了不少人。直到现在仍有不少人极力贩卖这种自由观，把马克思主义所主张的消灭资产阶级的自由误认为就是消灭一切自由，把马克思主义同争取人类的解放和自由对立起来，这是一种错误。

马克思主义认为，自由当然是属于人的。自由不仅是一种观念，更是人们的生活方式和社会实践。就这两方面而言，自由不能没有物质基础，物质基础决定了自由的真实性。就是说，你有什么样的物质条件，你就有什么样程度的自由。自由是非常具体的，在阶级社会中，各个阶级所具有的物质条件不同，它们所具有的自由程度就不同，他们的自由观也就不同。所以，资产阶级鼓吹的抽象的自由是片面的，缺乏真实性。事实上，马克思主义之所以要消灭资产阶级的自由，正是要把人们从这种狭隘的、片面的自由的束缚中解放出来，实现真正的每一个人的自由。《宣言》指出，代替资产阶级旧社会的将是这样的一种社会："在那里，每个人的自由发展是一切人的自由发展的条件。"就是说，在共产主义社会中，人人都参加劳动，生产力高度发展，每一个人都有充裕的空闲时间，完全可以根据自己的爱好和条件去支配这些空闲时间，自由地发展自己，同时也要使别人获得发展。因为每一个人都自由地发展着，所以一切人都是自由发展的。当然，实现这样的社会要经历一个很长的时期，但从关于自由的理论、关于自由的真实性和彻底性来讲，资产阶级的自由理论同马克思主义的自由观根本不可同日而语。由此可见，把马克思主义同自由对立起来的观点是何等的肤浅。

其四，"消灭家庭关系"是资产阶级对共产党人的又一种指责。家庭是历史发展的产物，它是社会的细胞，是最小、最基本的人群共同体。在不同的历史时期有不同的家庭形式。现在的一夫一妻制（专偶制）家庭最早出现于奴隶社会，在封建社会、资本主义社会有其不同的表现形式，但有一点是共同的，即都以私有制为基础。

资本主义私有制是私有制发展的最高形式，因而资本主义也就把一夫一妻制家庭推到了极端。《宣言》指出，资产阶级家庭是建立在资本和私人发财上的，这种家庭关系根本不是由两性之间的相爱决定的，它同人的爱情绝对没有任何共同之处，金钱才是它的真正基础和前提。这种家庭将随着资本的消失而消失。至于父母和子女的亲密关系，在资产阶级家庭中实质也是一种金钱关系，这种关系只有对资产阶级才是需要的，资产阶级消灭了，这种关系自然也就不复存在。总之，现代家庭是建立在私有制基础上的，妻子依赖丈夫，孩子依赖父母。随着私有制的消灭，这些关系也将根本改变。

《宣言》关于"公妻制"问题的分析，是对污蔑共产党人要"共妻"的回答。在资本主义生产关系下，妇女不过是单纯的生产工具，甚至也是一种商品，婚姻是以金钱为基础的。在资本主义社会中，劳动妇女是劳动人民中最不具有人的地位的一部分。妇女的悲惨命运只有在她们不再是单纯的生产工具的时候才能最终结束。

共产党人主张真正实现妇女解放。妇女解放不仅是个伦理道德观念的问题，归根到底它还是个社会发展的问题、经济问题。社会主义消灭了生产资料私有制，这就为消灭男女不平等、实现妇女解放提供了物质基础。所谓"共产党人的公妻制"，是指共产党人主张妇女应当具有同男人一样平等的地位，她不再是男人的附属物，更不是什么商品。随着阶级和私有制的消灭，随着社会生产力的高度发展，妇女也应获得真正的解放，应当具有同男人一样的社会地位和功能；孩子将由社会来抚养和教育。婚姻关系不再以金钱为基础，不再以传宗接代为目的。婚姻不再是一种社会行为，而是以两性之间互相爱慕、情感的互相交融为基础，是一种以纯真的爱情为基础，仅仅与当事人有关，无需社会干预的纯粹私人关系。这种婚姻关系不一定是终身的，如果男女双方爱情已经消失，婚姻便可解除，各自可以去寻求新的爱慕对象。当然，这要在共产主义道德完全普及的情况下才能真正做到。

其五，关于"工人阶级没有祖国"。这是《宣言》中的一个基本思想。《宣言》中的这句话就一般意义而言，有两种意义：

一是说国家从来就是统治阶级的国家，地主阶级统治的国家只是属于地主阶级，而不属于农民；资产阶级统治的国家只是属于资产者，而不属于工人，工人不是它所在国和出生国的主人，不能用祖国这一概念掩盖国家的阶级性。二是说世界上所有资产阶级统治的国家里的工人阶级，他们所处的地位、所受的压迫和剥削以及他们所担负的历史使命，都是相同的。因此，不能用祖国这一概念把世界无产阶级分隔开来。无产阶级是世界性的存在，它是一个整体。但在特殊的情况下，不能说工人没有祖国，即不能说工人没有他的国家。也不能说祖国对工人毫无意义，工人对自己的国家可以不承担任何责任。恰恰相反，在面临外国侵略时，工人阶级应当联合本国的其他阶级，包括剥削阶级，一起为保卫祖国而奋斗。绝不能借口"工人没有祖国"而放弃对侵略者的战斗，推卸自己理应承担的保卫祖国的责任。例如，在我国抗日战争时期，中国共产党就带领工人阶级联合了所有抗日的阶级（资产阶级、地主阶级、小资产阶级等）共同抵御日本帝国主义的侵略，为保卫祖国而斗争。这种斗争从本质上讲与国际无产阶级利益是一致的，而不是相违背的。工人阶级应反对本国统治者侵略别的国家和民族，对被侵略的国家和民族给予无私的支援，把爱国主义和国际主义统一起来。

第六章 清算种种错误的 社会主义思潮

　　《共产党宣言》中有一章"社会主义的和共产主义的文献"，这里的"文献"特指在马克思、恩格斯创作《宣言》之前，在欧洲就流行各种称作社会主义或共产主义的流派和学说。这些流派和学说产生的原因和背景各不相同，但都打着社会主义或共产主义的招牌。如果说社会主义和共产主义属于无产阶级的事业，那么就绝不能允许其他阶级来冒充。而在这些流派中，有些是剥削阶级的社会主义；有些则是工人运动大发展时期的理论表现。如果不运用历史唯物主义和阶级分析的方法，对当时流行的各种社会主义派别及其学说进行分析和批判，就不能肃清这些派别对工人阶级所产生的影响，就不能把无产阶级从这些流派的束缚下解放出来，也就不能使工人运动回到科学社会主义的轨道上来。这种情况下，要建立真正的工人阶级政党是不可能的。这就是《宣言》为什么要用一章的篇幅来对当时流行的各种社会主义思潮进行清算的原因。

当时流行的社会主义派别主要有三大类：保守的或资产阶级的社会主义；批判的、空想的社会主义；共产主义。《宣言》分别对它们进行了分析和批判。

第一节　批判反动的社会主义

反动的社会主义主要包括封建的社会主义、小资产阶级的社会主义和德国的或"真正的"社会主义。

封建的社会主义是指法国和英国封建贵族打着代表被剥削工人阶级利益的旗号而反对和声讨资产阶级的一种思潮。《宣言》首先阐述了法国和英国封建的社会主义产生的历史情况。法国经过1789—1794年的资产阶级大革命，推翻了封建统治，建立了资产阶级政权。但失败的封建阶级并不甘心，到1814年，又出现了波旁王朝的复辟。经过1830年七月革命，代表大资产阶级利益的金融资产阶级推翻了波旁王朝，确立了自己的统治，沉重地打击了封建贵族势力。英国于1640年进行资产阶级革命，1660—1688年间封建王朝在英国复辟。1688年以后，英国建立了君主立宪制，新兴的资产阶级和封建贵族联合掌权。到18世纪中叶，英国进行了工业革命，工业资产阶级在经济上迅速发展壮大，它需要有政治的力量来保护和发展它在经济上的利益，于是在1832年，英国资产阶级利用劳动人民对政府的不满，发起了议会改革运动，从而进一步加强了它在政权中的统治权威，使得贵族阶级落到了附属的地位。

以上情况正如《宣言》所指出的：封建贵族"再一次被可恨的暴发户打败了"，即被资产阶级打败了。但他们并不甘心自己的失败，可又不可能依靠自己的力量再搞复辟，于是便改头换面，打起社会主义的招牌，用以欺骗工人群众，妄图借助工人群众的力量达到他们复辟封建王朝的目的。这就是封建的社会主义产生的历史原因。

封建社会主义宣扬的主要观点是，第一，对资本主义制度进行揭露和批判。他们认为，资本主义制度使资本家兴盛起来了，积聚了大量的财富，而工人和他们自己却越来越贫困。他们把资本主义说成是人吃人的社会，妇女将亲手煮自己的儿女做食物，丑化甚至诅咒资产阶级。第二，鼓吹倒退和复辟。他们认为工人的贫困完全是由于资产阶级推翻封建贵族的统治而造成的，要想摆脱贫困，工人群众就只有与封建贵族一起推翻资产阶级，恢复封建时代。第三，伪装同情工人。他们装着为了工人阶级的利益才去对资产阶级提出控诉，他们说工人吃不饱穿不暖，提出要富人对劳动者实行救济，甚至主张把劳动者迁移到别的地方去谋生。

从以上观点不难看出，封建社会主义者的意图是拉拢工人复辟封建贵族的统治。马克思、恩格斯之所以把封建社会主义者说成是反动的，根本原因是这些人从封建贵族的利益出发，企图把社会历史向后拉。但他们的企图是不可能实现的。一方面，这种企图违背历史发展的客观规律。社会历史的发展，曲折和反复虽不可避免，但总的趋势是前进的、向上的，这不以任何人的意志为转移。而封建社会主义者的观点和行为是要开历史的倒车，这就使他们注定逃脱不了失败的命运。另一方面，工人群众一旦识破了他们的伪装，就绝不会跟他们走。正如《宣言》所说："每当人民跟着他们走的时候，都发现他们的臀部带有旧的封建纹章，于是就哈哈大笑，一哄而散。"

当时还有一种思潮是基督教的社会主义。这种社会主义与封建的社会主义在实质上没有什么区别，就像《宣言》所指出的："正如僧侣总是同封建主携手同行一样，僧侣的社会主义也总是同封建的社会主义携手同行的。"所以，《宣言》把它与封建社会主义放在一起来批判。基督教的社会主义主要产生在英国，和"青年英国"是同时代的产物。代表人物是莫里斯和金斯莱，他们都是英国的神学家。宪章运动失败后，他们出来指责宪章派企图"用魔鬼的工具来从事上帝的工作"。1850年，两个人共同发表了《基督教社会主义短论集》。

基督教社会主义的主要观点是把基督教"社会主义"化和把社会主义"基督教"化。认为基督教所主张的禁欲主义就是社会主义；它们批判资本主义"贱买贵卖"的原则和"多取少予"的贸易制度；主张不为利润而竞争。基督教的社会主义的实质是要回到中世纪，恢复封建社会。《宣言》一针见血地指出："基督教的社会主义，只不过是僧侣用来使贵族的怨愤神圣化的圣水罢了。"

小资产阶级的社会主义。首先要注意《宣言》所指出的，小资产阶级是一个新产生的阶级，它是从以前的城关市民和小农阶级发展出来的。小资产阶级的社会主义是在资本主义迅速发展，小资产阶级日益失去其社会地位的历史情况下产生的。在资本主义发达的英、法等国家中，小资产阶级摇摆于无产阶级与资产阶级之间；随着大工业和资本主义的发展，小资产阶级越来越失去了它在社会中的独立的地位。对于这种状况他们忧心忡忡，很不满意，于是便出现了一些用小资产阶级和小农的尺度去批判资产阶级制度的思想家，这样就形成了小资产阶级的社会主义。小资产阶级社会主义者不同于封建的社会主义，他们有站在无产阶级的这一面，但它们又不能不受其阶级利益的局限；因此，小资产阶级的社会主义者是从小资产阶级的利益出发替工人说话的，因而他们对资本主义的批判既具有一定程度的真实性，又有一定的局限性。

小资产阶级社会主义的特点是，非常透彻地分析了资本主义生产关系的矛盾及其主要表现。第一，揭露了由于机器的使用和分工的发展对社会所带来的破坏作用，反对资本主义大生产。例如西斯蒙第认为，那些极力鼓吹无止境发展大生产的人是错误的。因为大生产破坏了自给自足的小生产经济。第二，揭露了由于资本主义的发展造成的贫富悬殊、无产阶级的贫困、生产的无政府状态、生产过剩和经济危机，激化了社会矛盾。第三，资本主义竞争必然导致各民族之间的毁灭性的工业战争，导致小资产阶级和小农的没落，以及旧风尚、旧家庭关系和旧民族关系的解体。

小资产阶级社会主义的错误主要是，第一，反对资本主义的大生产，不懂得大机器工业对西欧各国的陈旧的、中世纪的、宗法的社会关系的破坏是一种革命性的进步。第二，鼓吹依靠政府对阶级矛盾进行调节，不懂得在私有制社会里阶级矛盾和阶级斗争的不可避免性，他们害怕阶级斗争，生怕这种斗争给他们带来新的灾难。第三，宣扬倒退的历史观，提出建立一个小生产者的社会。《宣言》指出："这种社会主义按其实际内容来说，或者是企图恢复旧的生产资料相交换手段，从而恢复旧的所有制关系和旧的社会，或者是企图重新把现代的生产资料和交换手段硬塞到已被它们突破而且必然被突破的旧的所有制关系的框子里去。它在这两种场合都是反动的，同时又是空想的。"

德国的或"真正的"社会主义。19世纪30年代到40年代，德国的经济还很落后，是一个建立在手工业劳动基础上的手工业和家庭工业的国家，与此相适应，当时德国存在一个人数众多的小资产阶级。可是也就是在这个时期，在英、法资本主义发展的影响下，德国的资本主义工业和商业也逐渐发展起来了。这种发展，不仅威胁着德国的封建统治，而且摧毁了小资产阶级的手工业和家庭手工业的社会根基，就是在这样的历史背景下产生了"真正的"社会主义。从1844年起，"真正的"社会主义很快像瘟疫一样在德国流行起来，并在国际性的工人组织"正义者同盟"中，产生了非常恶劣的影响。因此，马克思和恩格斯把"真正的"社会主义看作危险的敌人，同它进行了激烈的斗争。

"真正的"社会主义是很有特色的，它既不同于封建的社会主义，也不是简单的小资产阶级的社会主义，这种社会主义与德国的民族特点是紧密联系的。德意志民族是一个思辨的民族，他们有法国的社会主义和共产主义的文献，但他们不懂得这些文献是在居于统治地位的资产阶级的压迫下产生的，是同这种统治作斗争的文字表现。当他们把这种文献搬到德国的时候，德国的资产阶级才刚刚开始进行反对封建专制制度的斗争。在德国的条件下，法国的文献完全失去了直接实践的意义，只具有纯粹文献的形式。这样，这些文献在德国的哲学家和著作家手里就变成了关于真正的社会、关于实现人的本质的所谓的思辨。法国的社会主义和共产主义的文献完全被他们阉割了。就是说，他们不顾当时德国的具体情况，用德国的哲学的思辨词句鼓吹代表真理和一般人的利益，实质是既反对资产阶级对封建贵族的斗争，又反对无产阶级运动的兴起，起了一箭双雕的作用。这就是德国的"真正的"的社会主义的本质。它的代表人物有格律恩、赫斯、克利盖等。他们的观点和主张主要有以下几点：

第一，鼓吹人道主义和人类之爱，宣扬共产主义和社会主义归根到底属于人道主义。认为只有人道主义才能开辟未来生活的道路，把人道主义和人类之爱当作解决社会问题的灵丹妙药；他们抹杀阶级矛盾，反对阶级斗争。

第二，他们不代表无产阶级的利益，鼓吹代表一般人的利益。所谓的一般人正如《宣言》所指出的，"这种人不属于任何阶级，根本不存在于现实界，而只存在于云雾弥漫的哲学幻想的太空"。

第三，"真正的"社会主义是德国小市民利益的代表，它的兴起正值德国软弱的资产阶级进行反对封建主义和专制王朝的斗争时期。他们利用德国哲学的思辨的词语，对法国的社会主义和共产主义的文献进行歪曲和阉割，把社会主义的要求同当时刚刚发生的资产阶级的政治运动对立起来，用诅咒异端邪说的办法来诅咒资产阶级所进行的民主革命。

《宣言》深刻地揭露了这种社会主义的反动性，指出"这种社会主义成了德意志各邦专制政府及其随从——僧侣、教员、容克和官僚求之不得的、吓唬来势汹汹的资产阶级的稻草人"。"这种社会主义是这些政府用来镇压德国工人起义的毒辣的皮鞭和枪弹的甜蜜的补充"。就是说，这种社会主义既反对德国资产阶级的政治运动，又对德国工人阶级起了欺骗和麻醉的作用，在这两种情况下，它都是反动的。

第二节　批判保守的或资产阶级的社会主义

资产阶级同社会主义是对立的，因为社会主义是无产阶级的事业。《宣言》用的"资产阶级的社会主义"的这个提法本身就具有讽刺的意味，即资产阶级所主张的社会主义必定是虚伪的、不真实的。但这股思潮是真实存在的，它的兴起是有原因的。在19世纪上半叶，资本主义社会的矛盾已经明显暴露，阶级冲突日益频繁和尖锐，于是在资产阶级内部产生出了一部分人，既想保留资本主义制度，又想消除这种社会制度带来的弊端，以便巩固资产阶级社会。这一部分人包括经济学家、博爱主义者、人道主义者、慈善事业组织者等，因为这些人都有一定的知识教养，所以他们的思想是成体系的，主要代表人物是法国的蒲鲁东，其代表作是《贫困的哲学》。

资产阶级社会主义的主要内容包括以下几点：第一，愿意要资本主义社会的生存条件，但不愿要由这些条件必然产生的斗争和危险。这些人安于、向往、追求资产阶级的生活，可他们又担心这种生活会遭到破坏，即担心由于资产阶级的压迫和残酷剥削会导致无产阶级的反抗，会导致现存社会的破坏和瓦解。第二，反对阶级斗争，特别反对暴力革命，要工人阶级相信，这样那样的政治改革不会给他们带来真正的好处，从而使工人阶级厌弃一切革命运动。第三，他们用歪曲的、虚伪的理论欺骗工人阶级，鼓吹资产阶级所做的一切，如自由贸易、保护关税、单身牢房等，似乎不是为了资产阶级自己，反而是为了无产阶级。第四，他们主张融合社会主义与资本主义私有制。蒲鲁东提出实行一种所谓领有权，即实行一种比资产阶级私有制稍小的私有制。这种稍小的私有制如何实现呢？通过建立"交换银行"向工人发放无息贷款，把工人变为小私有者。以为这样就可以使穷人不再受富人的奴役，人人就可以获得独立、自由和平等。

资产阶级社会主义的实质是安抚无产阶级，要他们放弃推翻资本主义社会的观念，相信不通过革命的途径去消灭资产阶级的生产关系，就能使工人阶级的生活条件真正获得改善。一句话，通过麻痹工人阶级的斗志，以达到维护资本主义社会的目的。他们也揭露和批判资本主义制度，但目的不是改变这种制度，而是"使它更好"。

资产阶级的社会主义与小资产阶级社会主义一样，影响一直绵延不断。每当资产阶级想到要对资本主义制度进行改进时，就会在不知不觉中走上这条道路，直至现代仍然如此。

第三节　批判空想的社会主义

《宣言》在分析空想社会主义时一开始就指出，社会主义和共产主义的文献，早在推翻封建主义社会斗争时期就已产生。这些随着早期无产阶级运动而出现的革命文献，就其内容来说是幼稚的，它倡导普遍的禁欲主义和粗陋的平均主义，能算作真正意义上的空想的社会主义。本来意义上的空想的社会主义和共产主义的体系是以圣西门、傅立叶和欧文等人为代表的，史称他们为三大空想家，是马克思的科学共产主义产生之前最有成就也是影响最大的社会主义理论家。他们的理论是在无产阶级同资产阶级的斗争还没有明显出现的时期产生出来的，这是他们陷入空想的根本原因。但他们的理论中不时爆出的思想火花，为科学共产主义理论提供了有益资料。下面对三大空想家及其思想作一下介绍。

圣西门（1760—1825），法国社会改革家，出生于巴黎的没落贵族家庭，童年受教于启蒙思想家达朗贝尔。17岁从军，参加法国支援美洲殖民地反英独立战争的军团。1789 年投身法国大革命，因对雅各宾派专政的恐怖政策不满而脱离革命。在这期间，他曾买下一些收归国有的土地，后因货币贬值而成为巨富。由于任意挥霍而无节制，不出几年，他几近破产，此后他进入巴黎综合工科学校学习。1803 年，发表《一个日内瓦居民给当代人的一封信》，以后又发表了《人类科学概论》、《论实业制度》和《新基督教》等。

在这些著作中他阐发了关于社会历史发展及其规律的思想，尤其可贵的是，在资本主义刚刚兴起的时候，他就敏锐地察觉到了这种制度的局限，揭露资本主义制度的极端不合理和不完善，并指出资本主义制度的暂时性。他把资本主义制度看作向他所理想的社会制度——"实业制度"的过渡阶段。"实业制度"是由实业家（生产者）和科学家、学者所统治的社会。在这个社会中，将实现国家从对人的政治管理变为对物的管理和对生产过程的领导；有计划地组织社会生产，从而克服资本主义生产的无政府状态；人人都参加劳动；个人幸福和公共幸福都能得到保证。他还设想了许多改造社会的方案。他的这些思想和观点为科学社会主义理论的建立提供了宝贵的思想资料。但他不主张消灭私有制，反对暴力革命，幻想依靠"新基督教"这种理性宗教把资产阶级和无产阶级团结在一起，通过和平的方式实现"实业制度"。

傅立叶（1772—1837），法国社会理论家，出身于商人家庭。1789 年法国大革命时，由于个人遭遇对革命抱否定态度，主张以"法朗吉"为名的生产者联合会为基础重建社会。1808 年他写了

第一部著作《四种运动和人的命运》，1822 年发表《论家务农业协作社》，1829—1830 年，他写了《工业和协作的新世界》。

傅立叶一生大部分时间是在商业活动中度过的，目睹了贵族和资产阶级奢侈糜烂的生活和广大劳动人民的悲惨状况。他在上述著作中，揭露和批判了资本主义，指出资产阶级的自由、平等、博爱的口号是虚伪的，资本主义是社会的地狱，是复活了的奴隶制；资本主义社会的一切灾难都根源于生产的无政府状态和以自由竞争装扮起来的商业欺骗。他提出以"法朗吉"（一种有组织的生产和消费合作社）为基层组织对社会进行重建。"法朗吉"是城乡结合、工农结合的生产单位，在这个组织中，实行有计划、有组织的生产，男女平等，他提出"妇女的解放是社会解放的尺度"，对儿童实行社会教育，劳动将成为自由的、充分发挥人的才能和热情的享受。这些思想对后来科学社会主义理论的形成起了积极作用。但傅立叶并不主张消灭私有制和社会的不平等，提出通过情欲引力的作用和共同劳动来实现他的"和谐制度"。

欧文（1771—1858），出身于英国蒙哥马利郡牛顿城的一个手工业者家庭，10 岁进一家衣料店当学徒，利用业余时间学习哲学和经济学等方面的知识。20 岁在英国实业界崭露头角，1800 年当上了新拉纳龙棉纺厂的经理，实施了一系列改革方案。1824 年他去美国创办"新和谐"公社，实行他的社会主义的改革方案，遭失败后回国，投身于工人运动，1833 年当选为英国全国总工会联合会主席。1839 年重新组织劳动公社的实验，再遭失败。他的主要论著有《新世界观，或论人类性格的形成》、《新道德世界书》和《人类思想和实践中的革命》。

欧文从自己对工厂的经营中，认识到资本主义制度的种种弊端对工人的残酷剥削。他主张通过教育和立法来改造社会，建立人人都有追求幸福权利的社会；他认为私有制是造成人民贫困和使社会陷入灾难的总根源，主张对资本主义从所有制到分配制度进行彻底改革，实行公有制的共产主义社会。在这样的社会里，在生产力高度发展、产品极大丰富的前提下，实行按需分配。他的这些思想对后来科学社会主义理论形成具有一定启发意义。但欧文反对暴力革命，主张通过温和的改革去消除资本主义社会的弊端，建立他所理想的新社会。所以，他始终是一个空想社会主义思想家。

空想社会主义者的主要观点及其缺陷主要有以下方面。第一，他们看到了资本主义社会中阶级的对立和斗争，分析了这一社会本身所包含的否定因素，但他们看不到无产阶级任何历史主动性。他们看到无产阶级是受苦最深的阶级并代表这一阶级的利益；但他们仅仅把无产阶级看作一个身受苦难的阶级，而看不到它同时又是一个最有前途、最有希望的阶级。他们想解放无产阶级，可他们看不到无产阶级解放的物质条件，他们企图通过自己对社会规律的探索，从头脑中创造出这些条件来。第二，他们不是首先解放一个阶级，而是要一下子就解放整个人类。他们把这种希望寄托于他们自己这样的天才人物和统治阶级身上，他们天真地认为，只要他们把美好的社会设计出来，统治阶级就会承认这种体系是最美好的，就会自动帮助他们去实现他们自认为最美好的计划。在他们看来，今后的世界历史不过是宣传和实施他们的社会计划的历史。他们不主张用阶级斗争和激烈的政治革命来实现自己的理想和计划，使无产阶级获得解放，而是幻想通过和平的途径达到自己的目的。第三，他们梦想用实验的办法来实现自己的社会理想。欧文搞"国内移民区"，进行他的共产主义的模范社会的实验；圣西门的"实业制度"；"法伦斯泰尔"是傅立叶所设计的社会的名称；"依加利亚"是卡贝所描绘的那种实行共产主义制度的乌托邦幻想国。他们以为通过这样的实验和示范，就可以让世人信服他们所创立的体系，自动地帮助他们去实行他们的计划，从而自然而然地消除一切社会弊端，无产阶级也可以不必再受苦受难。为了实现他们的理想，他们呼吁资产阶级发善心和慷慨解囊。这不仅反映了他们对资产阶级缺乏真正的认识，而且表明他们对社会发展规律的无知，完全不懂得一个社会的产生或灭亡并非是哪个人想象的结果，而是历史发展的必然。

空想社会主义在历史上的出现，根源于无产阶级的产生，他们对资产阶级的斗争业已开始但又很不明显。从历史角度考察，它具有两方面的意义。一方面，这种理论具有积极的价值。"它们提供了启发工人觉悟的极为宝贵的材料。它们关于未来社会的积极的主张，例如消灭城乡对立、消灭家庭、消灭私人营利、消灭雇佣劳动、提倡社会和谐，把国家变成纯粹的生产管理机构"，所有这些主张，对于后来马克思建立科学共产主义学说，具有最直接的理论意义。另一方面，这种理论也具有消极作用的一面。表现在：第一，这种理论的空想性质。上述的那些主张显然是要消灭阶级对立，而这种阶级对立在当时才刚刚开始发展，还远不具备消灭阶级对立的物质条件，他们只能靠头脑把这些条件想象出来。因此，这些主张就不可避免地带有空想的性质。第二，这种理论虽然批判了现存社会，但这种批判的意义是同历史的发展成反比的。当无产阶级反抗资产阶级的斗争向前进一步发展时，这种理论所表现出来的消极影响就越发突出。它削弱阶级斗争，调和阶级冲突，最终使他们完全堕落成了反动的或保守的社会主义者，成了工人一切政治运动的激烈反对者。第三，所有的空想社会主义者都没有发现埋葬资本主义、建立新制度的社会力量，没有认识到无产阶级不仅是一个受苦受难的阶级，同时又是一个具有远大前途的阶级，只有这个阶级才能最终完成解放全人类的伟大历史使命。

第四节　各种非科学的社会主义的根本缺陷

《宣言》对给工人运动或曾给工人运动产生过影响的各种社会主义思潮进行了分析和批判。不论是反动的社会主义（封建的社会主义、小资产阶级的社会主义、"真正的"社会主义），还是资产阶级的社会主义、空想的社会主义，它们尽管形式不一，但从总体上看都存在以下几个问题：

第一，唯心主义的世界观和历史观。曾经对工人运动产生过影响的各种社会主义的和共产主义的流派，尽管表现形式不同，但从世界观高度考察，它们却有共同之处，这就是它们不是在科学的世界观、历史观的指导下去分析资产阶级及其所代表的资本主义制度的。在实际生活中，这些人不能超越当时社会生活带给他们的局限，决定了他们在理论思维上也绝不可能超越近代哲学所具有的思维方法。它们有的是示裸裸的唯心史观，如反动的社会主义；有的是空想的历史观，如资产阶级和空想的社会主义；有的是倒退的历史观，如小资产阶级的社会主义。因此，尽管世界的变化是如此巨大，超越现存社会的新因素不断涌现，但是这一切都在这些理论创立者的视野之外，他们那种陈旧的世界观决定了他们的思想不可能越出用思想意识去说明并改变社会实际这种世界观的藩篱，这就决定了这些社会主义流派不可能正确揭示社会发展的客观规律。

第二，不代表无产阶级的利益。以上这些社会主义流派各自代表着不同的阶级的利益，唯独没有一个是真正代表无产阶级利益的。有的虽然打着为无产阶级利益着想的幌子，但骨子里还是为了他们自己的利益而说教。空想社会主义者提出了一些符合历史未来发展的、有价值的观点，但他们把自己置于无产阶级之外，凌驾于无产阶级运动之上，他们想凭着自己的天才把人世间一切罪恶和不公抹去，把美好和幸福赐予人间。他们以救世主身份面对社会困难，就决定了他们不可能真正代表无产阶级的利益。

第三，反对阶级斗争和暴力革命。在对待资产阶级统治的问题上，他们都反对进行暴力革命，有的甚至公开反对阶级斗争和暴力革命，不懂得阶级产生及其对立的物质根源。他们认定阶级斗争、政治革命对社会改造不能起积极作用，只会给社会带来破坏和动乱。相信不从根本上改变资本主义所有制和政治统治，只要通过经济的或实验的方法，就能够克服资本主义社会的弊端，使人类获得幸福。

　　正是在以上这些主要方面，使马克思主义的共产主义和其他社会主义流派形成了区别。

第七章 《共产党宣言》的当代价值

  《共产党宣言》自1848年2月在伦敦首次用德文以单行本的形式出版以来，迄今已被译成200多种文字，再版过1 000次以上。这部蕴涵着马克思主义新世界观的伟大著作，"价值相当于多部巨著"。它的精神至今还鼓舞着、推动着文明世界全体有组织的正在进行斗争的无产阶级。也正是围绕着《宣言》的基本精神，不同时代的人们作出了具有各自时代特色的解读。这既显示了这部著作的科学性和生命力，也体现了马克思主义与时俱进的理论品质。

第一节　理解全球化的经典文献

  社会历史的沧桑巨变无法遮蔽一本巨作的真理光芒。作为马克思主义创立标志的《共产党宣言》，是资本主义大工业发展到一定阶段的时代产物，尽管个别具体结论随着时代的变化而有些过时，但其所阐述的基本理论却仍然在现今时代潮流中有着强大威力和时代价值。《共产党宣言》中马克思、恩格斯对世界历史进行了论述，指出所谓的"世界历史"是指世界被分割为孤立的国家，国家之间互相影响较少的状态正在终结，国家间的界限被逐渐打破，世界在成为一个真正意义上的整体。马克思、恩格斯在《共产党宣言》中写道："资产阶级，由于开拓了世界市场，使一切国家的生产和消费都成为世界性的了。"当前，随着生产发展和科技进步，在生产社会化和国际化程度不断提高的情况下，全球化将是不可抗拒的时代潮流。当然如今的全球化与马克思那个时代的全球化已有了很大的不同。在马克思那个时代，是蒸汽机和机器引起了工业生产的革命，使生产的早期全球化成为可能；今天的全球化，是随着以电子计算机等高新科学技术的发展为基础的知识经济和信息化时代的到来而发展起来的；在马克思那个时代，资产阶级奔走于全球各地是为了不断扩大产品销路；而今天则主要是为了不断扩大资本输出和投资场所。经济全球化是生产力特别是科技发展的必然结果，是历史发展的必然结果。全球化有力地推动了人类社会的发展，使世界资源得到优化配置，但就其实质来说是资本主义全球扩张，并会导致两极分化、阶级对立及世界发展的不平衡。全球化使我国处在与资本主义国家的广泛联系之中，如何抵御资本主义政治和文化对我国社会主义政治和文化的负面影响已成为极其严峻和紧迫的任务。马克思、恩格斯指出，随着世界市场的形成，"过去那种地方的和民族的自给自足和闭关自守状态，被各民族的各方面的互相往来和各方面的互相依赖所代替了"，资产阶级凭借其低廉的商品价格，到处进行征服和扩张，"它迫使一切民族——如果它们不想灭亡的话——采用资产阶级的生产方式；它迫使它们在自己那里推行所谓文明制度，即变成资产者。一句话，它按照自己的面貌为自己创造出一个世界"。在惊叹马克思和恩格斯惊人的洞察力之余，我们唯有提高警惕，坚定地走稳自己的道路。当然，今天的情况早已不同于150多年前，社会主义国家已有了近百年的发展历史，世界格局正朝着多极化方向发展。但是，资本主义还如《宣言》所描述的那样，在到处推行它的生产方式和生活方式，还在试图"按照自己的面貌为自己创造出一个世界"。因此，如何应对经济全球化的挑战，并在资本主义的包围圈中坚持中国特色的社会主义经济制度和政治制度，保持并发扬具有自己民族特色的文化传统，将成为伴随我国社会主义初级阶段的一个重大问题。

第二节　建设中国特色社会主义的理论指南

在人类社会发展的历史过程中，每一种新的社会制度的产生和发展，都以获得比旧的社会制度更高的生产力为基础。无产阶级在取得革命胜利后应当首先发展生产力，推动社会的全面进步。如果无产阶级夺取政权之后，不能立即提高生产力的发展水平，就有违社会发展之理，就会引起社会的倒退。关于生产力的重要性，在《宣言》中他们进一步作了阐述："无产阶级将利用自己的政治统治，一步一步的夺取资产阶级的全部资本，把一切生产工具集中在国家即组织成为统治阶级的无产阶级手里，并且尽可能快地增加生产力的总量。"

社会主义的最根本任务就是发展生产力。"社会主义的优越性归根到底要体现在它的生产力比资本主义发展得更快一些、更高一些，并且在发展生产力的基础上不断改善人民的物质文化生活。"发展生产力有个立场问题，即为谁发展生产力。《宣言》指出："无产阶级运动是绝大多数人的、为绝大多数人谋利益的运动"，邓小平将其发展为"有利于发展社会主义社会的生产力、有利于增强社会主义国家的综合国力、有利于提高人民的生活水平"的评价标准。在这个思想指导下，改革开放的中国在物质文明建设方面取得了举世瞩目的重大成就，生产力发展水平、人民生活水平和综合国力都上了一个很大的台阶。与此同时，我们也要看到《宣言》充分肯定资本主义带来的生产力巨大发展和财富迅速增长的同时，也尖锐地指出这种经济的发展并没有带来工人生活的改善和地位的提高。"工人变成赤贫者，贫困比人口和财富增长得还要快。"这一深刻的分析以及马克思对之猛烈的抨击对于今天中国社会建设有极大的借鉴意义。我国实行改革开放和市场经济以来，社会物质财富有了极大的增长，人民生活水平也有了极大的提高，但是我们应该看到，社会收入差距正在不断拉大，社会矛盾日益加剧，利益取向多元化导致影响社会稳定和发展的消极因素逐渐增多。这种尚"不全面""不发达"的小康水平，呼吁公正公平的社会环境。在财富急剧增长的同时如何有效地构建和谐社会，是我们今天必须面对的时代课题。

在一定意义上，我们所说的"改革"就是给予资本在中国存在的合法性，而所说的"开放"实际上就是迎合国际资本流入中国。资本在当今中国像在世界上的其他地方一样，正在用其无坚不摧的力量，布置我们周围的一切，与此同时清洗异己。资本给当今中国带来了经济增长、物质财富增加等有目共睹的正面效应。当今中国，资本的拥有者深得资本之利，就连作为资本拥有者的对立面——雇佣劳动者也以不同的方式从资本那里得到好处。中国正在经历着深刻的文明化过程，这一过程的推动力是资本。当今的中国人都在享受文明化的成果，在一定意义上也就是享受资本的成果。不可否认，正因为我们都深受资本的"恩泽"，从而在当今中国出现了严重的"资本崇拜"的倾向。许多中国人从曾经的资本的盲目的批判者一下子又成了资本的盲目的崇拜者。在这种情况下，如何正确对待资本已成了当今摆在中国人面前刻不容缓的问题。我们必须在资本面前保持清醒的头脑，而阅读《宣言》则能使我们的头脑清醒起来。《宣言》在对资本做历史的肯定的基础上对资本的本质加以深刻的揭露。一部《宣言》就是讨伐资本的檄文，《宣言》论述资本的本质："资产阶级生存和统治的根本条件，是财富在私人手里的积累，是资本的形成和增殖；资本的条件是雇佣劳动。雇佣劳动完全是建立在工人的自相竞争之上的。"在资产阶级社会里，资本具有独立性和个性，而活动着的个人却没有独立性和个性。可以说，《宣言》中揭露的资本的这种本性是不会随着时代的改变而改变的，尽管我们可以对资本的负面作用采取种种措施加以限制，但依旧改变不了资本的本性。我们清醒地知道，在当今中国要消灭资本是不可能的，资本还有着不可替代的历史作用，但与此同时我们千万不能忘记资本的本性是什么。只有这样，我们才能在资本面前掌握主动权，在利用它的同时驾驭它，并创造条件最后超越和消灭它。

实现社会和谐是人类社会发展的最高境界。在马克思看来，社会和谐是指人与自然、社会的和谐共生。社会的经济、政治与文化相互发展的协调一致，关键是个人与社会关系的和谐。社会和谐发展的最终目的在于个人独立人格的完善及其创造性才能得以在社会生活中民主自由地发挥，促进每个人的自由而全面的发展。

但是，在资本主义社会中，社会生产造成人的片面和不平等的发展，其中"一部分人"发展以牺牲"另一部分人"的发展为代价，"人和人之间除了赤裸裸的利害关系，除了冷酷无情的'现金交易'，就再也没有任何别的联系了"。因此，要实现《宣言》所提出的"每个人的自由发展是一切人的自由发展的条件"这一价值目标，就必须通过社会生产，消灭私有制，消灭不平等的社会关系，实现人与人的联合体。只有这样，才"可能保证一切社会成员有富足的和一天比一天充裕的物质生活，而且还可能保证他们的体力和智力获得充分的自由的发展和运用"。

第三节　批判当代资本主义的思想武器

冷战结束以后，如何评价资本主义制度和社会主义制度及其命运，成为东西方理论界普遍关注的现实问题。在这一背景下，日裔美国学者福山抛出了所谓的"历史终结论"。即"共产主义失败论"。在他看来，苏联解体，东欧剧变，冷战的结束，标志着共产主义的终结，历史的发展只有一条路，即西方的市场经济和民主政治。在他看来，人类社会的发展史，就是一部"以自由民主制度为方向的人类普遍史"。自由民主制度是"人类意识形态发展的终点"和"人类最后一种统治形式"，从此之后，构成历史的最基本的原则和制度就不再进步了。

福山所谓社会主义、共产主义的"终结论"是错误与荒谬的，其错误与荒谬就在于未能真正洞悉人类社会发展的客观规律与资本主义向社会主义转变的必然趋势。而对于人类社会发展的客观规律与必然趋势，马克思、恩格斯在《共产党宣言》里就予以了揭示。马克思、恩格斯在《共产党宣言》中写道："随着大工业的发展，资产阶级赖以生产和占有产品的基础本身也就从它的脚下被挖掉了。它首先生产的是它自身的掘墓人。资产阶级的灭亡和无产阶级的胜利是同样不可避免的。"这就是著名的"两个必然"重要结论。正是由于资本主义社会基本矛盾的存在及其无法克服，它就必然要被更高的社会形态所代替，因此，社会主义、共产主义代替资本主义是人类历史发展的客观规律与必然趋势。

马克思、恩格斯在《宣言》中分析的是早期资本主义的现代性及其后果，但对于我们审视当代资本主义社会有很大的启示和价值。马克思、恩格斯在160多年前体验的现代性及其后果。在当今世界不仅没有被消解，而且暴露得更加充分。资本主义既带来了人类生产力的巨大进步，又带来了严重的生态灾难；既带来了理性秩序对社会资源的优化配置。也带来了功利主义的膨胀和唯GDP的发展观；既带来了货币与法律程序上的人人平等，又带来了两极分化；既带来了人类主义的觉醒，又带来了民族矛盾与冲突，等等。由此而引发的环境危机、资源危机、人口危机、贫富鸿沟、大规模杀伤性武器的使用等，对人类的生存与发展构成了严重威胁。

《宣言》重点强调了资产阶级活动对人的自由发展的限制。资产阶级尽管创造了发达的生产力，却使得"工人变成了机器的单纯的附属品"。工人阶级沦落为劳动工具的地位，甚至失去了人的性别和年龄的社会意义。资产阶级"花在工人身上的费用，几乎只限于维持工人生活和延续工人后代所必须的生活资料"。这样，工人根本不可能有富余的时间和资料去谋求自我发展，因此，"在资产阶级社会里，资本具有独立性和个性，而活动着的个人却没有独立性和个性"。同时，资产阶级尽管将人从封建的人身束缚下解脱出来，但人和人之间除了赤裸裸的利害关系，

"就再也没有任何别的联系了。"它把人的尊严变成了交换价值，用一种没有良心的贸易自由代替了无数的特许的和自力挣得的自由"。所以，资本主义的自由不是真正和完整意义上的，宣言中所提出的每个人自由而全面发展自己的个性无法在资本主义框架内得到落实，只能实现于共产主义社会。

《宣言》中指出，资产阶级"在现代的代议制国家里夺得了独占的政治统治。现代的国家政权不过是管理整个资产阶级的共同事务的委员会罢了"。按照马克思、恩格斯的分析，资产阶级民主就其实质内容来说，从一开始就是少数人的民主，是以少数人对多数人的统治为前提的民主，是以保护资产阶级私有制经济利益为条件的民主，因而具有局限性、有限性、反动性、虚伪性和欺骗性。对无产阶级和劳动人民来说，资产阶级民主并不是真正的民主，它以表面的全民性作为伪装，掩盖其对多数人实行统治、压迫的阶级实质。今天，尽管这一民主以普选制、多党制等形式表现出来，但距离民主的实质要求越来越远。具体表现有，一是民主从程序化走向抽象化、表面化。一些西方学者认为，资本主义代议制民主的建立和扩展曾平衡了各阶层权利，催生了现代福利国家，但是代议制民主没有限制或削弱新生的"市场－国家"的权利。在这种"市场－国家"中，人民主权和政治代表在形式上仍然存在，但现实的民主实践——选民的投票和政党的党员——处在衰落之中，而且权力正在从人民重新回到旧精英或新阶级那里。民主越来越变得具有可控性，现代自由主义的代议制民主走向了政治的形式化并与它所声称代表的人民相脱离。事实上，目前欧洲多国出现了选举人数呈"自由落体式"的下降趋势，人们对民主制度化程序越来越缺乏兴趣，出现了代表性危机。二是民主从社会化或大众化走向民粹化、极端化。第二次世界大战结束后，西方社会进行改革，在自由民主制上罩上了福利国家的外套。在这种体制中，民主已被视为"社会民主"或"大众民主"。这个社会化民主体系在代议制内，实行保护个人免于疾病、失业和贫穷的社会改革；建立了实施规范和预防的机构，以便修正市场交换的未加检验的发展可能出现的混乱，由此带来了所谓的繁荣 30 年。但随着新自由主义的出现，尤其是苏联的解体，资本主义一步步地越过了束缚它的障碍。"自由"与"民主"两个词不再是互补，实际上变成了一对矛盾。因为自由民主与以往的民主相比，它较少地立足于公共事务的公民参与，而更多地立足于个人的普遍权利，这种个人权利的过分提升最终将导致民主政治丧失功能。另外，社会民主也表现为在一次次的选举中不断加码地用物质利益和社会保障去"收买人民"，并在这种分配利益的过程中寻找自己的合法性。但是，对个人自由的绝对强调阻止了创造集体自由的条件，以至于有潜在的消除集体的危险。因此西方民主的这种民粹化、极端化的趋势，最终将变成无力民主。

　　当代资本主义没有解决社会不公的问题。资本主义社会尽管也强调"机会均等"，并在一定程度上实施"社会再分配"政策，但社会生产关系的不公，社会产品生产过程的不公，决定了资本主义体制无法实现真正的社会平等，而且还会导致贫富差距急剧拉大。正如 2001 年诺贝尔奖得主 J·施蒂格利茨所说，我们的政治制度奉行了牺牲其他人群的利益而让富人受益的规则。他认为，这种不平等的公共政策是受制于一个假公济私的精英阶层的结果，使他们能利用手中的权力扭曲辩论，通过关税措施惠及富人，调整货币政策惠及银行。现在的许多新富不是企业家，而是利用垄断权力牟取利润的"寻租者"。社会不公不仅加剧了社会矛盾和社会的不稳定性，同时也限制了穷人改变现状的渠道。由于资本自己不会纠正其错误，政府无能或者无力纠正错误，那么社会只有依靠自己的力量了。2011 年夏秋之际，英美爆发的"骚乱"与"占领"运动就标志着弱势群体对体制内的社会调节功能已经感到失望。

资本主义绝非历史的终结，资本主义更不是人类最佳的社会形态，资本主义只有超越自身才有未来。

第四节 实现人的自由而全面发展的科学指导

重视人的自由发展是马克思、恩格斯一贯的思想。早在《1844 年经济学哲学手稿》中，马克思就指出生产劳动是人区别于动物的根本特性，这个特性的本质就是人的自由、自觉的活动。在后来的《资本论》中，马克思也提到，未来更高级的社会是以每个人全面而自由的发展为基本原则的社会。虽然马克思、恩格斯重视人的自由发展，但是他们从不孤立地讨论人的自由发展，而是把人的自由发展同主体的自我实现活动即劳动联系起来，同劳动的社会性和历史性联系起来。因此，他们不相信以资本主义私人占有制为基础，存在着阶级对立的资本主义社会会有人的真正自由而全面的发展，"个人的全面发展，只有到了外部世界对个人才能的实际发展所起的推动作用为个人本身所驾驭的时候，才不再是理想、职责，等等"。在资本主义社会，由于存在着私有制和分工，存在着严重的贫富分化和权利的不平等，一部分人的自由发展必然以牺牲另一部分人的自由发展为代价。因此，只有在消灭了私有制和分工，实现了人人平等的共产主义社会，每个人的自由发展才有可能成为一切人自由发展的条件。但是，私有制的消灭和个人的全面发展又是互为条件的，"私有制只有在个人得到全面发展的条件下才能消灭，因为现存的交往形式和生产力是全面的，所以只有全面发展的个人才可能占有它们，即才可能使它们变成自己的自由的生活活动"。由此，我们发现，个人的自由全面发展既是客观历史的运动过程，也是主体实现自身能动作用的过程；既是旧的交往方式注定要被新的交往方式取代的过程，也是人类追求解放、不断改造现存社会关系的过程。在这个过程中，个人的自由和全面发展是逐步展开的。

我国社会目前处于社会主义初级阶段。在这个阶段内，我们一方面要高度重视人的自由和全面发展，一方面又要反对不顾国情、不切实际地谈论自由。虽然我国所处的社会主义初级阶段具有自己特殊的国情，如社会生产力的发展较均衡，交往方式的发展呈现出多样化的样态，个人对自由的理解与追求的表现也有较大的差异等，但社会主义的国家性质却不允许我们忽视个人自由和发展问题，否则，我们的实践就不是一种以"个人全面发展的自由人联合体"为目标的现实的运动。但另一方面，不顾实际条件抽象地、极端地谈论自由和个人发展问题也是有害的，甚至会影响到社会主义精神文明建设和国家的政治稳定。我国宪法赋予了我国公民极其广泛的权利和自由，改革开放后，国家经济实力的增强又为我国公民充分行使权利和自由提供了坚实的物质基础，新时期社会主义现代化建设事业的快速发展也为我国公民提供了全面发展的宽广空间。因此，只要我们运用马克思主义的观点正确地理解个人自由和发展问题，把个人的发展纳入到国家富强和社会进步的大环境、长过程之中，就一定能够达到个人的比较全面的发展，并比较充分地实现自我价值。